中等职业教育·城市轨道交通类专业改革创新教材

城市轨道交通突发事件应急处理

主 编 王文静 郭京波
主 审 胡文伟

人民交通出版社股份有限公司
北京

内 容 提 要

本教材是中等职业教育城市轨道交通类专业改革创新教材之一,按照专业教学标准课程内容与职业标准对接、教学过程与生产过程对接的理念构建教材结构体系。主要内容包括车站大客流应急处理、消防应急处理、车站大面积停电应急处理、突发治安事件应急处理、恶劣天气应急处理、客伤应急处理、毒气应急处理、突发公共卫生事件应急处理、媒体事件应急处理等。这些内容均为城市轨道交通车站常见的应急情况,是车站工作人员上岗前必须掌握的技能。

本教材可作为城市轨道交通运营管理专业的核心课程教材,也可作为城市轨道交通运营企业站务岗位培训教材。

本教材配套多媒体教学课件,任课教师可通过加入"职教轨道教学研讨群"获取(教师专用QQ群号:129327355)。

图书在版编目(CIP)数据

城市轨道交通突发事件应急处理/王文静,郭京波主编. —北京:人民交通出版社股份有限公司,2021.8
ISBN 978-7-114-17366-0

Ⅰ.①城⋯ Ⅱ.①王⋯ ②郭⋯ Ⅲ.①城市铁路—轨道交通—突发事件—处理 Ⅳ.①U239.5

中国版本图书馆 CIP 数据核字(2021)第 109182 号

中等职业教育·城市轨道交通类专业改革创新教材
Chengshi Guidao Jiaotong Tufa Shijian Yingji Chuli

书　　名：	城市轨道交通突发事件应急处理
著 作 者：	王文静　郭京波
责任编辑：	司昌静
责任校对：	孙国靖　龙　雪
责任印制：	刘高彤
出版发行：	人民交通出版社股份有限公司
地　　址：	(100011)北京市朝阳区安定门外外馆斜街3号
网　　址：	http://www.ccpcl.com.cn
销售电话：	(010)59757973
总 经 销：	人民交通出版社股份有限公司发行部
经　　销：	各地新华书店
印　　刷：	北京虎彩文化传播有限公司
开　　本：	880×1230　1/16
印　　张：	13.75
字　　数：	308 千
版　　次：	2021年8月　第1版
印　　次：	2024年2月　第3次印刷
书　　号：	ISBN 978-7-114-17366-0
定　　价：	39.00 元

(有印刷、装订质量问题的图书,由本公司负责调换)

前言

▶编写背景

为贯彻落实《国家职业教育改革实施方案》,适应新时代职业教育的要求,满足个人就业需求和企业岗位需要,引导企业深度参与技能人才培养,促进职业院校增强实训内容,人民交通出版社股份有限公司组织了相关学校和企业编制了本教材。

随着城市轨道交通行业的不断发展,城市轨道交通的客流量逐年增加,因此对站务人员应急事件处理的要求也越来越高。

▶编写理念

我们按照课程内容与职业标准对接、教学过程与生产过程对接的理念,编写了《城市轨道交通突发事件应急处理》一书。在编写过程中,企业人员和学校教师深度参与,既按照学校课程设计的要求,又参照企业工作标准流程,力求知识的学习更贴近企业的实际需求。

▶课程定位

本书可作为中职城市轨道交通运营管理专业的核心课程教材,也可作为城市轨道交通运营企业站务岗位培训教材。

▶教材特色

考虑到学生对知识的接受程度,本书对每个应急模块进行了分解,将应急内容分解为基础知识的介绍,基本技能的训练,处理流程的掌握和模拟实际操作的演练,教学内容由浅入深、循序渐进,岗位针对性强、实用性和可操作性强,各项目还配有案例导学、任务实施、综合演练、练习与思考等,能帮助学生准确、快速掌握车站的应急技能;特别是媒体应对,在自媒体时代,这已经成为站务人员必须掌握的一项技能;但是这是较新兴事物,对于企业来说还处于探索之中,本书结合珠三角地区城市轨道交通企业的做法,给出了一些学习训练标准。

本书编写采取了校企合作方式,广东省城市技师学院的王文静和东莞市轨道交通有限公司的郭京波担任主编,东莞市轨道交通有限公司副总经理胡文伟担任主审,以广州、深圳、东莞等城市轨道交通运营企业的现场工作要求为基础,根据企业的工作标准,提炼岗位技能的通用性,并通过实际演练训练,帮助学生掌握应急技能。

▶主要内容

本书共分为9个项目,具体内容为车站大客流应急处理、消防应急处理、车站大面积停电应急处理、突发治安事件应急处理、恶劣天气应急处理、客伤应急处理、毒气应急处理、突发公共卫生事件应急处理、媒体事件应急处理等。这些内容均为城市轨道交通车站常见的应急情况,也是车站工作人员上岗前必须掌握的技能。

▶教材配套

为便于开展教学,本教材配有多媒体课件、教案、案例分析等供参考。

▶致　　谢

本书参考引用了一些城市轨道交通运营管理专业专家、学者的著作和成果,受益匪浅,在此谨向著作者表示衷心的感谢。由于编者水平有限,书中难免存在不足和疏漏之处,敬请读者批评指正,以便修订完善。

▶版权声明

本教材中的情境演练照片来自作者团队实景拍摄,由广东省城市技师学院的李东莲、郑小珊、叶劲瑜、韩佳裕、姜菲、周永乐、张桂方、吴楚楷、姚子阳、刘嘉权等同学担任特约演员。本次教材重印内容更新与完善工作由广东省城市技师学院王利钧老师负责,雷嘉奇、陈志鹏、陈子康等同学参与。本教材项目八、项目九为原创性设计,内容经主编团队甄选整理。任何人未经允许不得以任何形式转载上述原创内容。

作　者
2021 年 4 月

目录

项目一 车站大客流应急处理 ... 1
任务一 认识大客流 ... 2
　　任务实施　了解大客流应急处理 ... 4
任务二 车站大客流应急处理 ... 5
　　任务实施　掌握大客流应急处理 ... 11
综合演练　车站大客流应急处理 ... 13
练习与思考 ... 18

项目二 消防应急处理 ... 20
任务一 消防安全基础认知 ... 21
　　任务实施　了解消防应急处理 ... 24
任务二 消防设施设备使用方法 ... 25
　　技能训练一　灭火器的使用 ... 32
　　技能训练二　消防服的穿戴方法 ... 35
　　技能训练三　防毒面罩的佩戴方法 ... 38
任务三 消防自救与应急处理 ... 41
　　任务实施　掌握消防应急处理 ... 48
综合演练　消防应急处理 ... 49
练习与思考 ... 53

项目三 车站大面积停电应急处理 ... 55
任务一 了解车站大面积停电 ... 56
　　任务实施　了解车站大面积停电应急处理 ... 59
任务二 车站大面积停电应急处理 ... 60
　　任务实施　掌握车站大面积停电应急处理 ... 70
综合演练　车站大面积停电应急处理 ... 71
练习与思考 ... 75

项目四 突发治安事件应急处理 ... 77
任务一 突发治安事件基础知识 ... 78
　　任务实施　了解突发治安事件应急处理 ... 81
任务二 突发治安事件应急处理 ... 82
　　任务实施　掌握突发治安事件应急处理 ... 90

综合演练　突发治安事件应急处理 ………………………………………………… 92
　　练习与思考 …………………………………………………………………………… 95

项目五　恶劣天气应急处理 …………………………………………………………… 97
　任务一　恶劣天气相关基础知识 ……………………………………………………… 98
　　任务实施　了解恶劣天气应急处理 ………………………………………………… 101
　任务二　恶劣天气应急处理 ………………………………………………………… 102
　　任务实施　掌握恶劣天气应急处理 ………………………………………………… 108
　综合演练　恶劣天气应急处理 ……………………………………………………… 109
　练习与思考 …………………………………………………………………………… 112

项目六　客伤应急处理 ………………………………………………………………… 113
　任务一　心肺复苏 …………………………………………………………………… 114
　　技能训练　实施心肺复苏 …………………………………………………………… 118
　任务二　现场创伤止血、包扎和骨折固定、搬运技术 ……………………………… 122
　　技能训练一　实施止血包扎 ………………………………………………………… 134
　　技能训练二　制定救援预案 ………………………………………………………… 145
　任务三　客伤应急处理 ……………………………………………………………… 147
　　任务实施　掌握客伤事件应急处理 ………………………………………………… 152
　综合演练　客伤应急处理 …………………………………………………………… 153
　练习与思考 …………………………………………………………………………… 157

项目七　毒气应急处理 ………………………………………………………………… 159
　任务一　毒气应急处理相关基础知识 ……………………………………………… 160
　　任务实施　了解毒气事件应急处理 ………………………………………………… 168
　任务二　毒气应急处理 ……………………………………………………………… 169
　　任务实施　掌握毒气事件应急处理 ………………………………………………… 172
　综合演练　毒气应急处理 …………………………………………………………… 173
　练习与思考 …………………………………………………………………………… 177

项目八　突发公共卫生事件应急处理 ………………………………………………… 179
　任务一　突发公共卫生事件相关基础知识 ………………………………………… 180
　　任务实施　了解突发公共卫生事件应急处理 ……………………………………… 185
　任务二　突发公共卫生事件应急处理 ……………………………………………… 186
　　任务实施　掌握突发公共卫生事件应急处理 ……………………………………… 190
　综合演练　公共卫生事件应急处理 ………………………………………………… 192
　练习与思考 …………………………………………………………………………… 195

项目九　媒体事件应急处理 …………………………………………………………… 197
　任务一　媒体事件应对相关基础知识 ……………………………………………… 198
　任务二　媒体事件应对基本技能 …………………………………………………… 199
　任务三　信息对媒体的发布 ………………………………………………………… 201

  任务四 媒体记者的接待 …………………………………………………………… 203
    任务实施 掌握媒体事件应急处理 …………………………………………… 205
 综合演练 接待媒体采访 ……………………………………………………………… 207
 练习与思考 ………………………………………………………………………………… 209
参考文献 ……………………………………………………………………………………… 210

项目一

车站大客流应急处理

学习目标

1. 能够分析大客流成因及类型,预见大客流的产生。
2. 能够理解运用大客流应急处理的原则、程序,应对大客流事件。
3. 能够灵活运用大客流应急措施进行大客流应急处理。
4. 能够熟练使用引导与疏散大客流的主要设施设备。
5. 能够胜任大客流应急处理情况下不同岗位的工作任务。
6. 能够运用车站大客流应急处理流程正确处理车站大客流事件。

案例导学

【案例经过】

2019年国庆假期,广州地铁迎来了市民出行客流高峰。

据悉,国庆节前一天,2019年9月30日,地铁线网运送1113.4万人次,创单日客流新高;10月1日运送971.6万人次,10月2日运送921.8万人次,连续两天位居全国地铁城市运客量第一(图1-1)。

图1-1 地铁客流高峰时的情形

2019年10月3日,大客流"引爆"地铁启动三级客流控制。随后广州地铁官方微博发布:广州南站、文化公园、广州塔、北京路、大剧院、体育西路执行三级客流控制之后,客流均得到了有效控制(图1-2)。

图 1-2 地铁客流得到控制

【案例提示】

车站大客流控制采用三级控制方式。一级客控：在站厅(或换乘通道)通往站台的扶梯(楼梯)口采取限流措施,控制站台的客流；二级客控：在站厅非付费区或进闸机前位置采取限流措施,控制进入付费区的客流；三级客控：在车站出入口采取限流措施,控制进站的客流。

(资料来源：https://m.sohu.com/a/344906820_161795/?_trans_=010005_pcwzywxewmsm)

任务一　认识大客流

一　客流概念

客流是一定时间内,一定数量的旅客,为了一定的目的,乘坐运输工具,经过一定的交通线路从出发地到目的地的位置流动。客流包含流量、流向和流时等要素。客流流量是乘客流动的数量,流向指流动的方向,流时指流量的时间分布。

客流是有方向的,在方向分布上是相对平衡的,因为乘客乘车一般是有往有返的。流量在时间分布上则很不均衡,但呈一定规律性。例如,节假日和旅游季节,消费性乘车显著增加。

二　大客流概念

城市轨道交通一个或多个车站在一定时间内出现较多客流并有持续增长的趋势,造成车站服务能力或列车运送能力明显不足的情况,统称为大客流。

通常情况下,当车站客流达到车站容纳量的70%以上时,认为该车站发生大客流,如图1-3、图1-4所示。

一日内的客流高峰出现在上下班和上下学的时间。一般上午的客流高峰期,称作早高峰,下午或晚上的高峰期,称作晚高峰。每个地区由于外界因素不同,早高峰和晚高峰的时间也不尽相同；掌握早晚高峰的规律性,对分析与预测客流量的大小,针对大客流的发生采取及时有效的应急措施,显得非常重要。

图1-3 暑运期间地铁广州火车站大客流　　图1-4 国庆期间广州地铁赤岗站大客流

三　大客流分类

1. 根据大客流产生的原因分类

根据大客流产生的原因,可将其分为可预见性大客流和不可预见性大客流两类。

(1)可预见性大客流

可预见性大客流主要分为节假日大客流、暑假大客流、通勤大客流、大型活动大客流、恶劣天气大客流。

①节假日大客流:主要指在国家法定节日期间市民出行及游客旅游等造成全线各站客流普遍大幅上升。

②通勤大客流:由于通勤原因形成的早晚大客流。如图1-5所示,为某日北京地铁早高峰大客流。

③大型活动大客流:主要指由于城市轨道交通沿线附近举行大型活动(包括节假日期间举行的大型活动),在活动结束后大量的乘客在较短时间内涌入城市轨道交通车站乘车,造成车站客流迅速上升。

图1-5 某日北京地铁早高峰大客流

④恶劣天气大客流:主要指由于台风、大雨等恶劣天气对地面交通造成影响,较多的市民乘坐城市轨道交通或进入城市轨道交通车站避雨,造成城市轨道交通各个车站客流比平时有所上升。

(2)不可预见性大客流

不可预见性大客流主要指突发事件大客流,即由于车站周边临时组织的大型活动、天气突变、地铁发生紧急事件(如地铁车站发生火灾、大面积停电、列车延误等事故时)等原因造成的大客流。

不可预见性大客流的规模、时间长短等事前无法预测,没有一定的规律性,车站客流量在短时间内会急剧上升。对此,车站工作人员需迅速报告、灵活处理,并启动相关应急预案。

2. 根据大客流可能造成的危害程度等级分类

根据各车站运能、大客流可能造成的危害程度、波及范围、影响大小、行车中断时间、人员伤亡及财产损失等情况,可以将大客流划分为一般级、较大级和重大级三个等级。

(1)一般级即三级突发大客流,是指站台较拥挤,地铁运营秩序未受到较严重影响,通过车站及邻站支援能够处置的突发大客流。

(2)较大级即二级突发大客流,是指站台、站厅都较为拥挤,地铁运营秩序受到一定影响,以地铁公司为主能够处置的突发大客流。

(3)重大级即一级突发大客流,是指站台、站厅和出入口都较为拥挤,预计持续超过30min以上,地铁运营秩序受到严重影响,可能或已经造成人员伤亡、财产损失等后果。

任务实施

了解大客流应急处理

1. 任务组织

课前确定学习小组,每组4~6人,前往当地城市轨道交通车站参观学习;通过查找资料,搜集有关车站大客流的案例,分析大客流的原因,并做成PPT课件,进行课堂汇报。

2. 学习资源与学习设备准备

学习资源:城市轨道交通大客流事件的案例、视频、图片(例如鱼骨图、动图、流程图等)。

学习设备:手机或电脑等。

3. 明确任务

以小组为单位,讨论城市轨道交通大客流事件的成因、特点及一般应急处理程序。

4. 拓展提高

车站大客流事件案例课堂遗留问题讨论。

5. 小组任务效果评价表(表1-1)

任务效果评价表　　　　　　　　　　　　　　表1-1

任务指标	评分要求	分值	得分
1.车站大客流基础知识的掌握	根据大客流基础知识的掌握情况,进行评分	20	
2.车站大客流案例及典型性	根据是否有大客流案例、案例是否典型进行评分	10	
3.车站大客流的成因	根据是否有大客流的成因,成因是否有说服力进行评分	10	
4.车站大客流的特点	根据是否有大客流的特点,特点是否有概括性进行评分	10	
5.车站大客流的应急处理流程	根据是否有大客流的应急处理流程,流程分析思路是否清晰进行评分	20	

续上表

任务指标	评分要求	分值	得分
汇报效果评价	1. 礼仪规范及语言表达	10	
	2. 准备	10	
	3. 演讲掌控	10	
分项得分	自我评分(　　) 小组评分(　　) 教师评分(　　)		
总分	总分 = 自我评分(　　)×30% + 小组评分(　　)× 40% + 教师评分(　　)×30%		

任务二　车站大客流应急处理

一　车站大客流影响因素

车站大客流主要取决于周边经济水平、人口的密集程度及客流的流动速度，同时又受到其他接驳公共交通分担客流能力大小的影响。另外，站内设备设施的通过能力、地铁车站客流应急组织能力、列车承载与运输能力等也是影响大客流的重要因素。

(1) 周边经济水平、人口密集程度。周边土地利用性质是影响车站客流量和全天客流分布特征的关键因素，通常情况下，周边经济越繁华，越能产生客流，同时住宅区人口密度越大，客流量也就越大。

(2) 其他接驳公共交通方式的分担能力。为了避免市区内的交通拥堵，很多地铁线路的站点都设置了与公交车、小汽车、共享单车接驳换乘设施，从而分担客流。

(3) 站内设备设施的通过能力。站内设备设施的通过能力主要包括车站自动扶梯、楼梯、出入口通道、自动售检票的通过能力。在车站客流组织工作，只要控制好这些车站设备中的薄弱环节，就能做好车站的客流组织工作。

(4) 地铁车站客流应急组织能力。地铁车站客流应急组织能力主要包括：应急响应速度，车站工作人员个人的心理素质、专业及应急技能的掌握，组织协调能力等。

(5) 列车承载与运输能力。列车行车间隔越小、满载率越高，车站大客流疏散能力越大。

二　疏导车站大客流的主要设施设备

车站大客流引导与疏散的主要设施设备包括手持喇叭(图1-6)、对讲机(图1-7)、警戒绳(图1-8)、扩音器(图1-9)、应急灯(图1-10)、手电筒(图1-11)、手持信号灯(图1-12)，故障告示牌(图1-13)、隔离带(图1-14)、铁马(图1-15)等。

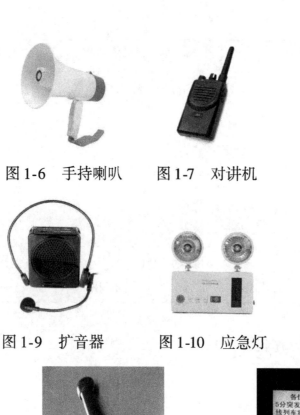

图1-6　手持喇叭　　图1-7　对讲机　　图1-8　警戒绳

图1-9　扩音器　　图1-10　应急灯　　图1-11　手电筒

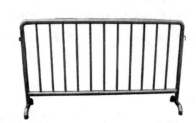

图1-12　手持信号灯　　　　图1-13　故障告示牌

图1-14　隔离带　　　　图1-15　铁马

三　车站大客流应急组织处理原则

（1）大客流处置应遵循高度集中、统一指挥、准确预警、迅速响应、有序组织的原则,充分调动各部门力量,加强联络协作,提升大客流应对效率和效果。

（2）以实现乘客安全运输为根本原则,保持客流运送过程通畅,尽量减少乘客出行时间成本,避免拥挤,便于大客流发生时能及时疏散。

（3）统一指挥,分工明确的原则。全线线路的客流组织工作由调度控制中心(Operating Control Center,简称OCC)负责,车站的客流组织由值班站长负责。

（4）车站客流控制采用三级控制方式:一级为控制站台客流,二级为控制付费区客流,三级为控制非付费区客流。各级客流控制关键点:一级为站厅至站台各楼梯和自动扶梯,二级为进站闸机,三级为各出入口。

(5)车站客流控制原则:地下站采用"由下至上、由内至外",高架站采用"由上至下、由内至外"的原则进行组织。

(6)在使用各种设施设备及采取疏导措施时,坚持出站客流优先的原则。

四 车站大客流应急处置要求

(1)为确保大客流信息上传下达及时准确,车站客流信息的收集、汇报责任人为当班值班站长,全线客流信息的收集、传送责任人为 OCC 行车调度员。

(2)OCC 负责全线客流控制,车站站长/当班值班站长全权负责本站的客流控制。由车站站长/当班值班站长根据现场客流情况决定是否采取非正常手段控制客流(启动三级客流控制),但在实施时必须向行车调度员报告。

(3)遇突发大客流,车站既有力量无法保障运营正常秩序时,车站应及时汇报站务分部并请求支援,支援方式包括分公司客运组支援及站间支援,支援内容包括人力、物力(主要为硬币供应、车票调配)支援。

(4)行车调度员应根据车站客流情况及时调整列车运行,对不同行车组织措施下的受影响车站应提前预知并给予适当的客流组织建议。

(5)大客流站及相关受影响车站应根据客流及受影响情况变化果断执行三级客流控制措施,全线各站应同步协调、串点成线,确保整体线路运营的安全可控。

五 车站大客流信息收集及预测、发布

1. 可预测大客流的信息收集及预测、发布

(1)收集城市轨道交通沿线各站附近的大型活动信息情况。

(2)加强与气象台、相关活动组委会的联系,密切关注天气预报及活动进展情况。

(3)对国家法定节假日期间的客流量、客流特点和高峰小时断面客流量、峰期时段、重点车站全日进站客流、高峰进站客流等情况做出预测,至少提前 10 天制订应对方案。

(4)对城市轨道交通沿线附近大型活动可能产生的客流量、峰期时段、所影响车站及影响程度等进行预测,至少提前 4 天制订应对方案。

2. 突发大客流的信息监测与发布

(1)各车站、列车司机及控制中心加强信息监测和接报工作,对突发大客流必须做到早报告、早发布(早调整)、早响应。

(2)各站发生大客流时,车站通过 SC、闭路电视监控系统(Closed Circuit Television,简称 CCTV)对本站客流进行数据及现场监测,并加强各出入口及站外巡查监测。车站值班站长对本站出现的较大客流增长情况应主动在第一时间亲自或指示车控室向行车调度员、站务分部汇报,并加强与行车调度员的联络沟通。车站周边举办大型活动时,车站应专门安排人员与该大型活动的场地管理部门实时沟通联系,提前做好预想。

(3)司机、车站人员发现车厢内乘客明显拥挤,且影响到上下车及造成列车晚点 1min 以上时,及时将信息通报给行车调度员,由行车调度员通知前方各站做好客流的引导和组织

工作。

（4）OCC应根据所收集的客流信息，视其对行车、客运组织工作造成的影响程度将有关信息传达给相关部门及相关受影响车站；通过CC、CCTV对全线客流进行数据及现场监测，通过数据分析并综合现场情况，及时发布现场应急响应信息。

六 车站突发大客流的应急组织处理程序

1. 车站突发大客流各岗位行动指引

车站突发大客流各岗位行动指引见表1-2。

车站突发大客流各岗位行动指引　　　　表1-2

岗　位	行　动　指　引
站台岗	站台拥挤时，维持候车秩序，将站厅至站台的自动扶梯改为出站方向
厅巡岗	1. 维持车站购票队伍，对乘客做好疏导、服务工作； 2. 协助客运值班员实施人潮控制措施； 3. 在站台至站厅的楼梯进行第一级客流控制，先让下车出站的乘客出站，再放坐车的乘客进入站台，控制进站台的乘客人数
票亭岗	1. 根据现场情况，加快或减缓兑零速度，加强与客运值班员的联系； 2. 按照值班站长的指令，开设临时售票点（窗），向乘客出售预制票； 3. 当有乘客需要退票时，根据值班站长指令给乘客提供退票服务
支援岗	1. 支援遵循就近原则，即支援人员从就近车站派出（但以不能影响车站正常运营为前提）； 2. 支援人员全部到车控室签到； 3. 听从值班站长安排
客运值班员	1. 按照客流控制原则，在车站出入口、进站闸机处、站厅与站台的楼梯/自动扶梯处进行三级客流控制； 2. 加快客服中心兑零速度，组织开设临时售票点，出售预制票； 3. 加强留意自动售票机（Ticket Vending Machine，简称TVM）找零硬币及余票是否充足，如不能满足时，应及时补币补票； 4. 当客车运行故障，造成客车始发、到达晚点，车站乘客拥挤时，做好退票和公交接驳的工作准备
行车值班员	1. 将产生突发性人潮的原因、规模和可能持续的时间立即报告行车调度员、公安人员； 2. 利用广播提醒乘客注意安全，做好宣传、疏导和服务工作，同时加强对站台乘客候车动态及站台屏蔽门工作状态的监控

续上表

岗 位	行 动 指 引
值班站长	1. 及时了解清楚产生突发客流的原因、规模,可能持续的时间,并合理安排岗位; 2. 车站现有人员无法应付突发性客流组织的需要时,值班站长组织驻站人员参与客流控制,同时通知公安人员,报告行车调度并提出支援请求; 3. 按照客流控制原则,在车站出入口、进站闸机、站厅与站台的自动扶梯处进行三级客流控制; 4. 原则上建议乘客先出站,10日内均可办理退票,若乘客有特殊要求时则按乘客要求办理; 5. 由于特殊气象(如暴雨)导致突发性大客流时,车站及时疏散滞留在车站及出入口的乘客,并启动有关应急处理程序,必要时请求公安部门配合,并调集站务、保洁等所有驻站的工作人员做好抗灾准备; 6. 当发生危及乘客人身安全的情况时,及时关闭相应出入口
安检员	1. 接到通知后立即协助值班站长进行客流控制; 2. 减慢安检的速度,从而控制进入付费区的乘客; 3. 待车站通知客流控制结束后,恢复正常安检速度
安全员	1. 接到通知后立即协助值班站长进行客流控制,在车站出入口、进站闸机处、站厅与站台的楼梯/自动扶梯处进行三级客流控制; 2. 如有需要,配合车站工作人员搬送铁马到相应位置并摆放铁马阵; 3. 待车站通知客流控制结束后,恢复正常工作
保洁	1. 接到通知后,立即到车控室拿"出站""进站"等服务告示牌到相应位置摆放; 2. 协助值站进行客流控制,在车站出入口、进站闸机处、站厅与站台的楼梯/自动扶梯处进行三级客流控制; 3. 待车站通知客流控制结束后,恢复正常工作

2. 车站突发性大客流应急处理流程图

每个城市轨道交通企业由于内外环境因素不同,应急组织程序也不尽相同,但主要应急处理程序基本相同,如图1-16所示。

七 疏导车站大客流的应急组织措施

1. 客流实时监测

客流实时监测是指在科学预测客流的基础上,改进客流监控手段,引进先进的监控设备,实现对集中客流的有效实时控制。

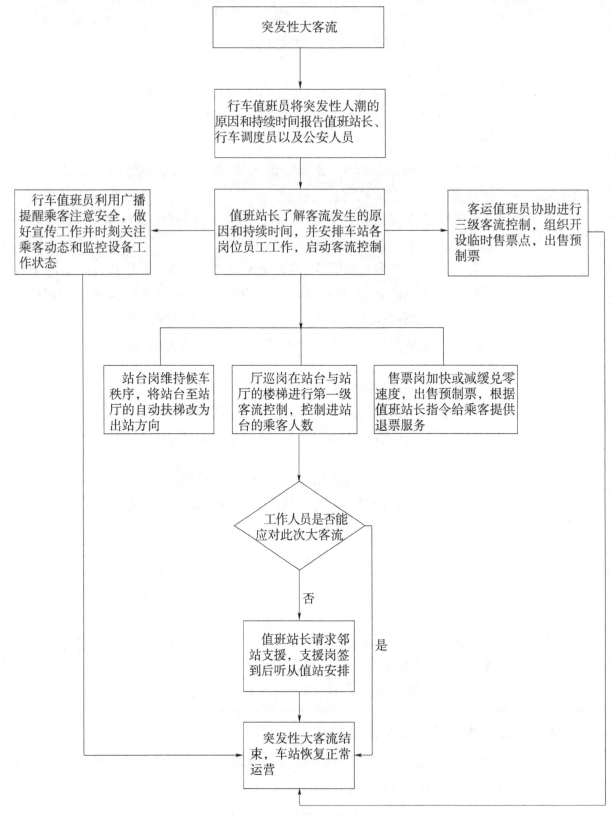

图1-16 车站突发性大客流应急处理流程图

2. 制定客流控制预案

(1)实施分类列车运行图

对工作日、周末、节假日、特殊天气及特殊大型活动实行不同的列车运行方案,按照客流高峰出现的时间特征编排列车运行图。

（2）制订车站客流组织方案

①单站级客流控制。当车站发生大客流，引发车站输送能力下降，客流无法缓解且有增大趋势时，车站根据本站的设备设施设置情况和客流特点，启动单站级客流控制。

②单线级客流联控。当某线路单个站出现大客流，在启动单站级客流控制后，客流仍无法缓解时，启动单线级客流联控。即在本线路选取一定数量站点作为辅助控制站，限制辅控站进站乘客人数在一定数值内，均衡各站进站客流。

③线网级客流联控。当实施单线级客流联控仍然无法缓解高峰区段及车站的客流压力时，通过在相邻的线路选取一定数量的辅助客流控制车站，采取客流控制措施，限制相邻线路乘客进站人数在一定数值内，减缓换乘客流数量，从而进一步缓解高峰区段及车站的客流压力。一般来说，车站突发大客流需启动线网联控时，按照"先单线级客流联控，后线网级客流联控"的顺序启动，不能越级启动线网级客流联控。

④其他交通方式援助分担客流。通过申请其他交通方式来协助疏导客流。增援的交通工具以地面公交为主，通过开辟公交临时专线，覆盖地铁运营不正常的区段，以达到及时疏散客流的目的。

（3）定期开展大客流组织演练

定期组织开展车站及行车组织大客流演练，检验车站客运、服务设施能力，列车设备设施、信号联动能力和车站、行车、调度工作人员的应急应变能力，使所有地铁工作人员熟悉大客流组织工作内容和程序，从而整体提高车站的大客流应急组织能力，为乘客提供安全、快捷、舒适的地铁运输服务。图1-17所示为2018年9月5日上海地铁2号线徐泾东站开展突发事件应急处置演练。

图1-17 上海地铁2号线徐泾东站开展突发事件应急处置演练

任务实施

掌握大客流应急处理

1. 任务组织

课前确定学习小组，每组4~6人，前往当地城市轨道交通车站参观学习；通过查找资料，搜集有关城市轨道交通大客流的案例，分析大客流的应急处理过程，并做成PPT课件，进行课堂汇报。

2. 交流内容与学习设备准备

交流内容：城市轨道交通大客流应急处理的案例、视频、图片（例如鱼骨图、动图、流程图等）。

所需设备：手机或电脑等。

3. 明确任务

以小组为单位,讨论车站大客流交通应急处理程序及流程图。

4. 拓展提高

课堂上关于城市轨道交通大客流应急处理案例的遗留问题讨论。

5. 小组任务效果评价表(表 1-3)

任务效果评价表　　　　　　　　　　　　　　　　表 1-3

任务指标	评分要求	分值	得分
1.城市轨道交通大客流应急处理的具体案例	根据是否有发生大客流的具体案例,以及案例是否具有典型性进行评分	20	
2.城市轨道交通大客流应急处理一般处理程序的条理清晰度	根据城市轨道交通大客流应急处理一般处理程序的条理清晰度进行评分	10	
3.城市轨道交通大客流应急处理一般处理程序的步骤是否完整	根据城市轨道交通大客流应急处理一般处理程序的完整程度进行评分	10	
4.城市轨道交通大客流应急处理一般处理程序是否符合逻辑性	根据城市轨道交通大客流应急处理一般处理程序是否符合逻辑性进行评分	10	
5.根据城市轨道交通大客流应急处理的一般处理程序,画出流程图	根据是否有流程图,以及流程图的概括性、合理性进行评分	20	
汇报效果评价	1.礼仪规范及语言表达	10	
	2.准备	10	
	3.演讲掌控	10	
分项得分	自我评分(　　　) 小组评分(　　　) 教师评分(　　　)		
总分	总分 = 自我评分(　　　)×30% + 小组评分(　　　)×40% + 教师评分(　　　)×30%		

综合演练

车站大客流应急处理

一、演练目的

(1) 检查对大客流应急处理程序的掌握情况。
(2) 检查各岗位对自己职责掌握的熟练程度。
(3) 检查岗位之间信息沟通是否顺畅。
(4) 根据演练流程完成演练评估报告。

二、人员安排

岗位人员：值班站长1名，行车值班员1名，站务员3名(站台、票亭、厅巡)，相关工作人员1名(可以由一人或者多人扮演行调、站长、地铁公安，负责接收相关信息)。

观察人员：建议每个角色均有一名观察人员，记录岗位扮演人员的关键步骤和关键动作，以便演练完成后进行总结。

三、物资准备

扩音器、隔离带、告示牌。

四、情境假设

A站附近突发应急情况，某日14:00左右，有大量的客流向车站涌来，具体情况不明。

有些大客流我们可以预料到，如车站附近的球赛结束后，乘客集中进站形成大客流；但是，有些客流我们无法预料到，在这种情况下为了保证安全，我们如何控制此类大客流呢？

[控制原则]地下站"由下至上、由内至外"；高架站"由上至下、由内至外"。

上述原则的含义是什么？

控制的过程：车站客流控制采用三级控制方式，一级为控制站台客流，二级为控制付费区客流，三级为控制非付费区客流。

五、演练流程

(1) 14:10，站务员(站台岗)发现站台乘客较多，站台较拥挤，报车控室，值班站长确认情况后宣布执行一级客流控制。

[提示1]一级客流控制的关键点在哪里？
[提示2]一级客流控制时各个岗位行动指引见表1-4。

一级客流控制时各个岗位行动指引　　　表1-4

岗　位	行　动　指　引
站台岗 (站务员)	站台拥挤时，维持候车秩序，将站厅至站台的自动扶梯改为出站方向

一级客流控制关键点

续上表

岗 位	行 动 指 引
厅巡岗（站务员）	在站台至站厅的楼梯处控制客流,先让下车出站的乘客出站,再放上车的乘客进入站台,随时与站台岗保持联系,控制进入站台的乘客人数
票亭岗（站务员）	根据现场情况,减缓兑零速度,加强与客运值班员联系
客运值班员	留意TVM找零硬币及余票是否充足,如不能满足时,应及时补币补票
行车值班员	1.将产生突发性客流的原因、规模和可能持续的时间立即报告行调、公安人员; 2.利用广播提醒乘客注意安全,做好宣传、疏导和服务工作,同时加强对站台乘客候车动态及站台屏蔽门工作状态的监控
值班站长	及时了解清楚产生突发客流的原因、规模,可能持续的时间,并合理安排岗位

二级客流控制关键点

(2)14:20,站务员(站台岗)发现站厅乘客继续增多,站台较拥挤,报车控室,值班站长确认情况后宣布执行二级客流控制。

[提示1]二级客流控制的关键点在哪里?

[提示2]二级客流控制各岗位行动指引见表1-5。

二级客流控制各岗位行动指引　　　　表1-5

岗 位	行 动 指 引
站台岗（站务员）	维持候车秩序,将站厅至站台的自动扶梯改为出站方向
厅巡岗（站务员）	在闸机口维护乘客入闸秩序,控制进入付费区的乘客人数
票亭岗（站务员）	根据现场情况,减缓兑零速度,加强与客运值班员的联系
客运值班员	1.留意TVM找零硬币及余票是否充足,如不能满足时,应及时补币补票; 2.维护好乘客购票和进闸秩序
行车值班员	1.将产生突发性客流的原因、规模和可能持续的时间立即报告行车调度员、公安人员; 2.利用广播提醒乘客注意安全,做好宣传、疏导和服务工作,同时加强对站台乘客候车动态及站台屏蔽门工作状态的监控
值班站长	1.及时了解清楚产生突发客流的原因、规模,可能持续的时间,并合理安排岗位; 2.如车站现有人员无法应付突发性客流组织的需要时,值班站长组织驻站人员参与客流控制,并向站长汇报,请求支援; 3.原则上建议乘客先出站

(3)14:40,站务员(站台岗)发现站厅乘客继续增多,站台较拥挤,值班站长确认站外还有大量客流涌入车站,汇报站长后,由站长宣布执行三级客流控制。

[提示1]三级客流控制的关键点在哪里?

[提示2]三级客流控制时各岗位行动指引见表1-6。

三级客流控制关键点

三级客流控制时各岗位行动指引   表1-6

岗 位	行 动 指 引
站台岗 (站务员)	将站厅至站台的自动扶梯改为出站方向
厅巡岗 (站务员)	1. 维持车站购票队伍,对乘客做好疏导、服务工作; 2. 在站台至站厅的楼梯处控制客流,先让下车出站的乘客出站,再放坐车的乘客进入站台,控制进入站台的乘客人数
票亭岗 (站务员)	1. 根据现场情况,加快或减缓兑零速度,加强与客运值班员联系; 2. 按照值班站长的指令,开设临时售票点(窗),向乘客出售预制票; 3. 当有乘客需要退票时,根据值班站长指令给乘客提供退票服务
支援岗	1. 支援遵循就近原则,即支援人员从就近车站派出(但以不能影响车站正常运营为前提); 2. 支援人员全部到车控室签到,服从值班站长安排
客运值班员	1. 维护购票或进站秩序; 2. 如购票队伍很长,组织开设临时售票点,出售预制票; 3. 加强留意TVM找零硬币及余票是否充足,如不能满足时,应及时补币补票
行车值班员	1. 将产生突发性客流的原因、规模和可能持续的时间立即报告行调、公安人员; 2. 利用广播提醒乘客注意安全,做好宣传、疏导和服务工作,同时加强对站台乘客候车动态及站台屏蔽门工作状态的监控
值班站长	1. 及时了解清楚产生突发客流的原因、规模,可能持续的时间,并合理安排岗位; 2. 如车站现有人员无法应付突发性客流组织的需要时,值班站长组织驻站人员参与客流控制,同时通知公安,报告行车调度并提出支援请求; 3. 安排车站其他工作人员或支援人员,按照客流控制原则,在车站出入口、进站闸机、站厅与站台的自动扶梯处进行三级客流控制; 4. 原则上建议乘客先出站,10日内均可办理退票;

续上表

岗　位	行　动　指　引
值班站长	5.安排保洁工作人员,停止保洁工作,立即到车控室拿"出站""进站"等服务告示牌到相应位置摆放; 6.当发生危及乘客人身安全的情况时,及时关闭相应出入口
站长	1.宣布执行三级客流控制,并检查各关键点人员控制客流情况; 2.向上级汇报车站客流情况,组织好乘客疏散工作

[提示3]

(1)三级客流控制措施时,全线各站应同步协调;

(2)需要播放广播、告示,提前告知乘客。

三级客流控制与二级客流控制有何不同,我们可以使用哪些工具来控制客流?

(4)18:20,客流情况已经正常,站长宣布取消三级客流控制,各岗位恢复正常。

[提示4]三级客流控制取消后,车站可以视情况保留二级客流控制或一级客流控制,也可以取消客流控制。

六、演练总结与评估

演练结束后,相关岗位人员应组织总结会,总结会包括以下内容:

(1)岗位人员发言,总结演练过程中好的做法和问题;

(2)观察员阐述观察情况,并对观察岗位进行点评;

(3)根据总结情况,形成演练评估报告,确定小组演练成绩。

七、演练评估报告

演练项目:车站大客流应急处理				
演练形式		演练负责人		
演练时间		演练地点		
[演练背景] A站附近突发应急情况,某日14:00左右,有大量的客流向车站涌来,具体情况不明。				
演练过程记录				
序号	时间	过程描述		存在的问题
1		站务员(站台岗)发现站台乘客较多,站台较拥挤,报车控室,值班站长确认情况后宣布执行一级客流控制		
2		值站到现场了解客流情况,并通过与乘客沟通初步了解出现大客流的原因		
3		行值立即报告行调,A站有突发性大客流		

续上表

演练过程记录			
序号	时间	过程描述	存在的问题
4		值班站长宣布车站启动一级客流控制	
5		一级客流控制各岗位工作情况 — 站台岗(站务员):	
6		一级客流控制各岗位工作情况 — 厅巡岗(站务员):	
7		一级客流控制各岗位工作情况 — 票亭岗(站务员):	
8		一级客流控制各岗位工作情况 — 客运值班员:	
9		一级客流控制各岗位工作情况 — 行车值班员:	
10		一级客流控制各岗位工作情况 — 值班站长:	
11		站务员(站台岗)发现站厅乘客继续增多,站台较拥挤,报车控室,值班站长确认情况后宣布执行二级客流控制	
12		二级客流控制各岗位工作情况 — 站台岗(站务员):	
13		二级客流控制各岗位工作情况 — 厅巡岗(站务员):	
14		二级客流控制各岗位工作情况 — 票亭岗(站务员):	
15		二级客流控制各岗位工作情况 — 客运值班员:	
16		二级客流控制各岗位工作情况 — 行车值班员:	
17		二级客流控制各岗位工作情况 — 值班站长:	
18		站务员(站台岗)发现站厅乘客继续增多,站台较拥挤,值班站长确认站外还有大量客流涌入车站,汇报站长后,由站长宣布执行三级客流控制	
19		三级客流控制各岗位工作情况 — 站台岗(站务员):	
20		三级客流控制各岗位工作情况 — 厅巡岗(站务员):	
21		三级客流控制各岗位工作情况 — 票亭岗(站务员):	
22		三级客流控制各岗位工作情况 — 支援岗:	
23		三级客流控制各岗位工作情况 — 客运值班员:	
24		三级客流控制各岗位工作情况 — 行车值班员:	
25		三级客流控制各岗位工作情况 — 值班站长:	
26		三级客流控制各岗位工作情况 — 站长:	
27		车站客流得到缓解,决定取消三级客流控制	
28		演练负责人确认各环节执行完毕,宣布演练结束	

续上表

演练总结
好的方面：
不足方面：

演练总体评价	□优秀　　□良好　　□合格　　□不合格
演练人员签名：	

练习与思考

一、单选题

1. 客流是指( )。
   A. 乘客的数量
   B. 在一定时间内,一定数量的旅客,为了一定的目的,乘坐运输工具,经过一定的交通线路从出发地到目的地的位置流动
   C. 乘客的流动
   D. 乘客的流向

2. 不可预见的大客流主要指( )。
   A. 突发大客流　　B. 暑假大客流　　C. 通勤大客流　　D. 节假日大客流

3. 当车站客流达到车站容纳量的( )以上时,认为车站发生大客流。
   A. 70%　　　　B. 100%　　　　C. 80%　　　　D. 50%

4. 重大级即一级突发大客流,是指站台、站厅和出入口都较为拥挤,预计持续超过( )min以上,地铁运营秩序受到严重影响,可能或已经造成人员伤亡、财产损失等后果。
   A. 10　　　　B. 20　　　　C. 30　　　　D. 60

5. OCC是指( )。
   A. 地铁控制中心　　　　　　B. 行车司机
   C. 站务员　　　　　　　　　D. 行车调度员

6. 车站客流控制原则,地下站采用(　　),高架站采用(　　)的原则进行组织(　　)。
   A."由下至上,由内至外" "由上至下,由内至外"
   B."由上至下,由内至外" "由上至下,由外至内"
   C."由下至上,由外至内" "由上至下,由内至外"
   D."由下至上,由外至内" "由上至下,由外至内"

二、多选题

1. 客流主要包含的要素有(　　)。
   A. 流量　　　　B. 流向　　　　C. 流时　　　　D. 流速

2. 大客流根据造成的危害程度来分类可以分为(　　)。
   A. 一般级　　　B. 较大级　　　C. 重大级　　　D. 严重级

3. 车站大客流的影响因素主要有(　　)。
   A. 周边经济水平
   B. 其他接驳的公共交通方式的分担能力
   C. 站内设备设施的通过能力
   D. 地铁车站客流应急组织能力
   E. 列车承载与运输能力

4. 疏导车站大客流的设施设备主要包括(　　)。
   A. 手持喇叭　　B. 对讲机　　　C. 警戒绳　　　D. 扩音器
   E. 应急灯　　　F. 手电筒　　　G. 手持信号灯　H. 故障告示牌

5. 车站客流控制采用三级控制方式,主要包括(　　)。
   A. 控制站台客流　　　　　　B. 控制付费区客流
   C. 控制非付费区客流　　　　D. 控制客流流速

6. 车站客流控制采用三级控制方式,各级客流控制关键点分别为(　　)。
   A. 一级为站厅至站台各楼梯和自动扶梯
   B. 二级为进站闸机
   C. 三级为各出入口
   D. 三级为站厅至站台各楼梯和自动扶梯

三、简答题

1. 如何控制大客流,各级客流控制的关键点在哪里?
2. 疏导车站大客流的主要设施设备有哪些?
3. 简述车站突发大客流各岗位职责。

项目二

消防应急处理

1. 能够分析城市轨道交通火灾特点,根据不同的火灾特点进行有效灭火。
2. 能够运用火能燃烧的三个条件,以及灭火、防火的基本原理知识,进行有效灭火。
3. 能够熟练使用消防设施设备,例如灭火器的使用、防毒面罩的佩戴、消防服的穿戴等。
4. 能够运用城市轨道交通消防应急处理流程正确处理城市轨道交通火灾事件。

案例导学

【案例经过】

2005年2月18日,韩国大邱市地铁发生重大恶性纵火案,造成巨大人员伤亡和财产损失。这次火灾堪称历史上最大的恶性地铁纵火案。经调查,事故经过如下:

2月18日上午9:55左右,列车刚在市中心的中央路车站停住,第三节车厢里一名56岁的男子就从黑色的手提包里取出一个装满易燃物的绿色塑料罐,并拿出打火机试图点燃。车内的几名乘客立即上前阻止,但这名男子却摆脱阻拦,把塑料罐内的易燃物洒到座椅上,并点燃塑料罐抛到座椅上。顿时,整节车厢燃起了大火,并冒出浓烟。3号车厢起火后,火势转眼间就燃烧到整列火车车厢。更不幸的是,对面的列车也驶进了车站。火势又迅速蔓延到对面列车的整列车厢。两列列车起火燃烧了起来,车站的电力系统立即自动断电。站内一片漆黑,600多名乘客立即陷入极度恐慌。四周火势凶猛,浓烟弥漫,万分震惊的乘客争相逃离这一人间地狱。然而,由于电源突然中断,许多地铁车厢门无法打开,加上地铁车窗的玻璃十分坚固,所以不少乘客被活活困在没有自动灭火装置的车厢里,最终被烧死或因浓烟窒息而死。

【处理措施】

事故发生后,大邱市派出3000多人和66辆消防车、数辆救护车进行施救,但由于地铁车站现场浓烟雾漫和高温,抢救工作遇到了极大困难。经过三个多小时的战斗,地铁隧道内的火势终于得到控制,抢救出来140名乘客,并紧急将他们送到附近各大医院。韩国建设交通部和大邱市分别成立了"事故对策本部",并决定,除抚恤金和保险补偿金外,向每位死者的家属提供3300美元的丧葬费和其他费用,受伤者在治疗期间每天可得到250美元的补助。根据韩国法律,若被确定为"特别灾区",还将享受财政和税收方面的优惠,同时得到政府的重新安置财政拨款。

【相关分析】

事件发生后,韩国专家和媒体分析认为,韩国地铁大致存在三个方面的问题:首先是设备方面,车站和车厢内安全装置不足;其次是法律还不健全;再次是安全教育流于形式。除上述原因外,韩国专家们还认为,地铁企业和员工平时麻痹大意,安全意识不强,安全保安人员不足以及设备不完善等,也是造成此次地铁火灾大批人员伤亡的重要因素。

【案例启示】

许多火灾中,有的人能火里逃生,有的却丧身火海,这固然与火势大小、起火地点、起火时间、建筑物内消防设施、扑救是否及时等因素有关,但受害者火场积极自救、互救而成功逃生也是不乏先例的,能否成功从火场逃生取决于被困者的自救知识,更与地铁员工的应急处理能力息息相关。因此,掌握一定的消防自救知识,提高逃生技能,对每个人来说都非常必要。

【拓展思考】

面对类似火灾事件时,地铁站各岗位工作人员在地铁应急管理工作方面应有哪些思考?

任务一 消防安全基础认知

一 城市轨道交通火灾特点

与其他公共交通方式不同,城市轨道交通大部分车站和隧道都相对封闭,且部分车站在地下,人和电器设备在封闭环境内高度密集,进出站口个数有限,地铁站灭火人员设备有限,一般发生火灾安全事故,危害极其严重,具体表现在:

(1)地下空间狭窄,疏散出入口个数有限,大大增加了灭火救援的困难程度。

(2)火灾造成的浓烟在密闭环境内容易造成窒息甚至死亡。

(3)空间密闭、工作人员有限,容易造成乘客在地铁站内疏散困难,乘客容易产生恐慌心理,造成踩踏伤亡。

二 防火灭火基础知识

1. 火的基本知识

国家标准《消防词汇 第1部分:通用术语》(GB/T 5907.1—2014)中将火定义为:火是以释放热量并伴有烟或火焰或两者兼有为特征的燃烧现象。

2. 火灾的基本知识

(1)火灾的概念

国家标准《消防词汇 第1部分:通用术语》(GB/T 5907.1—2014)中将火灾定义为:在时间或空间上失去控制的燃烧,燃烧是指可燃物与氧化剂作用发生的放热反应,通常伴有火焰、发光和烟气现象。火灾具有极大的危害性,主要表现在人身伤亡和财产损失两个方面。

(2)火灾的等级划分

火灾事故主要分为四类:特别重大火灾、重大火灾、较大火灾和一般火灾。

①特别重大火灾:指造成30人以上死亡,或者100人以上重伤,或者1亿元以上直接财产损失的火灾。

②重大火灾:指造成10人以上30人以下死亡,或者50人以上100人以下重伤,或者5000万元以上1亿元以下直接财产损失的火灾。

③较大火灾:指造成3人以上10人以下死亡,或者10人以上50人以下重伤,或者1000万元以上5000万元以下直接财产损失的火灾。

④一般火灾:指造成3人以下死亡,或者10人以下重伤,或者1000万元以下直接财产损失的火灾。

> **案例分析**
>
> 2015年8月12日22时51分46秒,位于天津市滨海新区天津港的瑞海公司危险品仓库发生火灾爆炸事故,本次事故中爆炸总能量约为450tTNT当量。该次爆炸事故造成165人遇难(其中参与救援处置的公安现役消防人员24人、天津港消防人员75人、公安民警11人,事故企业、周边企业员工和居民55人)、8人失踪(其中天津消防人员5人,周边企业员工、天津港消防人员家属3人),798人受伤(伤情严重及较重的伤员58人、轻伤员740人),304幢建筑物、12428辆商品汽车、7533个集装箱受损。
>
> 请思考:此次事故发生的火灾属于什么类型的火灾?

(3)火灾的分类

依据国家标准《火灾分类》(GB/T 4968—2008),根据可燃物的类型和燃烧特性,火灾分为A、B、C、D、E、F、K七类,见表2-1。

火灾分类 表2-1

类别	定义	说明
A类火灾	指固体物质火灾	这种物质通常具有有机物质性质,一般在燃烧时能产生灼热的余烬,如木材、煤、棉、毛、麻、纸张等火灾
B类火灾	指液体或可熔化的固体物质火灾	如煤油、柴油、原油、甲醇、乙醇、沥青、石蜡等火灾
C类火灾	指气体火灾	如煤气、天然气、甲烷、乙烷、丙烷、氢气等火灾
D类火灾	指金属火灾	如钾、钠、镁、铝镁合金等火灾
E类火灾	带电火灾	物体带电燃烧的火灾
F类火灾	烹饪器具内的烹饪物(如动植物油脂)火灾	烹饪器具内的烹饪物(如动植物油脂)火灾
K类火灾	食用油类火灾	通常食用油的平均燃烧速率大于烃类油,与其他类型的液体火灾相比,食用油火很难被扑灭,由于有很多不同于烃类油火灾的行为,它被单独划分为一类火灾

(4) 火灾的发展过程

火灾发展分为五个阶段：初起阶段、发展阶段、猛烈阶段、下降阶段和熄灭阶段。

①初起阶段：发现及时，方法得当，用较少的人力和简单的灭火器材，能尽快地把火扑灭，也是灭火的最好时机。

②发展阶段：必须组织一定的人力和消防器材装备，采取正确措施，才能控制火势的蔓延，有效地扑灭火灾。

③猛烈阶段：扑救这种火灾，必须有强大的灭火力量和高效能的灭火装备，正确运用灭火战术，经过长时间的艰苦奋战，才能控制火势继续蔓延，从而有效扑灭火灾。

④下降阶段：这一阶段的灭火工作不能松懈，一定要再接再励防止出现人身伤亡事故或火灾的反复。

⑤熄灭阶段：这个阶段需要彻底消灭残火，留人看守，防止死灰复燃。

3. 防火的基本方法

燃烧的三个条件

燃烧必须同时满足三个条件：可燃物、助燃物和着火源。可燃物一般指汽油、液化石油气、木材、纸张等；助燃物主要指空气中的氧气；着火源主要指明火、电火花、产生静电的火星、雷击等。只有三个条件同时都具备，燃烧才能产生。需要注意的是，燃烧一旦失去控制，就会对人身和财产造成极大的危害。

一切防火措施都是以防止燃烧的三个条件同时产生为目的，因此防火措施具体如下：

控制可燃物，例如以难燃或不燃燃料代替易燃燃料，对容易相互反应发生爆炸的化学危险物品应该分开隔离放置等。

隔绝助燃物，例如在密闭容器中抽出容器中的氧气直至真空，在空气中充入惰性气体等。

杜绝着火源，例如在易燃易爆场所严禁烟火，同时防止产生静电；在火灾危险场所控制电焊、气割等动火作业。

4. 灭火的基本方法

灭火的基本方法和防火的基本原理是一样的，都是以防止燃烧的三个条件同时产生为目的的。灭火的基本方法包括冷却灭火法、窒息灭火法、隔离灭火法和化学抑制灭火法等。

(1) 冷却灭火法。冷却灭火法就是采取措施使可燃物的温度降到燃点以下，从而无法燃烧。例如，用水灭火应用的就是此原理，如图 2-1 所示。

(2) 窒息灭火法。窒息灭火法就是采取措施阻止空气（主要是空气中的氧气）与可燃物解除，使可燃物因为缺少氧气而熄灭。例如，用床单盖住着火源应用的就是此原理，如图 2-2 所示。

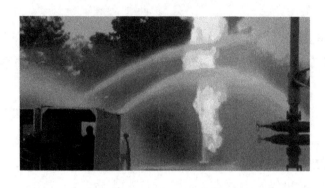 

图 2-1　冷却灭火法灭火　　　　　图 2-2　窒息灭火法灭火

（3）隔离灭火法。隔离灭火法就是将可燃物尽量消除，将周围的可燃物与正在燃烧的物品隔离开来，使燃烧停止。例如，隔离与着火源相连的易燃物，以防火势发展或使火势不会继续蔓延，如图 2-3 所示。

（4）化学抑制灭火法。化学抑制灭火法就是将化学灭火剂喷至燃烧区域，发生化学反应使燃烧停止。例如，使用灭火器灭火应用的就是此原理，如图 2-4 所示。

图 2-3　隔离灭火法灭火　　　　　图 2-4　化学抑制灭火法灭火

◆ 任 务 实 施 ◆

了解消防应急处理

1. 任务组织

课前确定学习小组，每组 4~6 人，前往当地城市轨道交通车站参观学习；通过查找资料，搜集有关城市轨道交通火灾的案例，分析火灾的原因，并做成 PPT 课件，进行课堂汇报。

2. 学习资源与学习设备准备

学习资源：城市轨道交通火灾的案例、视频、图片（例如鱼骨图、动图、流程图等）。

学习设备：手机或电脑等。

3. 明确任务

以小组为单位，讨论城市轨道交通火灾的成因、特点、危害及一般应急处理程序。

4. 拓展提高

城市轨道交通火灾事件案例中涉及的课堂遗留问题讨论。

5. 小组任务效果评价表(表2-2)

任务效果评价表　　　　　　　　表2-2

任 务 指 标	评 分 要 求	分值	得分
1.城市轨道交通火灾基础知识的掌握	根据掌握消防安全基础知识的情况,进行评分	20	
2.城市轨道交通火灾案例典型性	根据是否有火灾案例,以及案例是否具有典型性进行评分	10	
3.城市轨道交通火灾案例的成因	根据是否有火灾案例的成因,以及成因是否有说服力进行评分	10	
4.城市轨道交通火灾案例的特点	根据是否有火灾案例的特点,以及特点是否有概括性进行评分	10	
5.城市轨道交通火灾的一般应急处理流程	根据是否有火灾的应急处理流程,以及流程分析思路是否清晰进行评分	20	
汇报效果评价	1.礼仪规范及语言表达	10	
	2.准备充分	10	
	3.演讲掌控	10	
分项得分	自我评分(　　　) 小组评分(　　　) 教师评分(　　　)		
总分	总分=自我评分(　　　)×30%+小组评分(　　　)×40%+教师评分(　　　)×30%		

任务二　消防设施设备使用方法

一　消防设施设备介绍

常见的消防设施设备主要有消火栓(图2-5)、防毒面具(图2-6)、逃生绳(图2-7)、消防服、腰带、头盔、手套、消防胶靴(图2-8)、灭火球(图2-9)、干粉灭火器(图2-10)、二氧化碳灭火器(图2-11)、泡沫灭火器(图2-12)、火灾自动报警系统(图2-13)、应急照明灯(图2-14)、防火门(图2-15)、疏散指示灯(图2-16)、手动报警按钮(图2-17)、感烟火灾探测器(图2-18)等。

图 2-5　消火栓　　　图 2-6　防毒面具　　　图 2-7　逃生绳

a)腰带　　　b)手套　　　c)消防头盔

d)消防胶靴　　　e)消防服

图 2-8　消防装备　　　图 2-9　灭火球

图 2-10　干粉灭火器　　　图 2-11　二氧化碳灭火器　　　图 2-12　泡沫灭火器

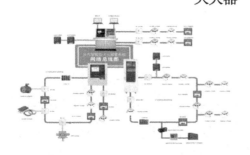 

图 2-13　火灾自动报警系统　　　图 2-14　应急照明灯

图 2-15　防火门　　　　　图 2-16　疏散指示灯

图 2-17　手动报警按钮　　图 2-18　感烟火灾探测器

二　消防设施使用方法

1. 消火栓

消火栓内所配备的器材有水带、消防软盘卷管、水枪、接合器、水阀。

消火栓的使用方法如图 2-19 所示。

(1) 打开或击碎箱门，取出消防水带　　(2) 展开消防水带　　(3) 水带一头接到消防栓接口上

(4) 另一头接上消防水枪　　(5) 另外一人打开消防栓上的水阀开头　　(6) 对准火源根部，进行灭火

图 2-19　消火栓的使用方法

(1)首先打开消火栓门,旁边如有按钮则按下内部火警按钮。

(2)取出水带,握住水带用力向前方抛出,让水带向前方摊开,将水带接头和消火栓接头顺时针旋转至卡紧为止。

(3)迅速将另外一头的水带跟阀门接好。

(4)接好阀门后,逆时针打开阀门让水喷出对准起火点灭火。

(5)射水时,采取包围灭火战术阻止火势和烟雾向其四周扩散,可以有效将火扑灭。如遇电气火灾,应该先切断电源后再灭火。

2. 手提式干粉灭火器

手提式干粉灭火器主要用于扑灭易燃液体、气体和带电设备的火灾,其使用方法如图2-20所示。

干粉灭火器的使用方法

(1)识别灭火器的型号

(2)对灭火器进行检查,看是否能正常使用,压力表要指到绿色区域

(3)去铅封

(4)拔掉安全销

(5)握住压把,拖住底部

(6)离火焰2m处喷射

图2-20 灭火器的使用方法

(1)使用前查看压力表是否指向绿色区域,使用手提式干粉灭火器时,应手提灭火器的提把,迅速赶到着火处。

(2)在距离起火点5m左右的地方,放下灭火器。在室外使用时,应占据上风方向。

(3)使用前,先把灭火器上下颠倒几次,使筒内干粉松动。

(4)如使用的是内装式或储压式干粉灭火器,应先拔下保险销,一只手握住喷嘴,另一只手用力压下压把,干粉便会从喷嘴喷射出来。

3. 二氧化碳灭火器

二氧化碳灭火器主要用于扑灭贵重设备、档案资料、仪器仪表、油脂类及600V以下的电气装置的火灾。

二氧化碳灭火器的使用方法具体如下：

（1）使用前查看压力表是否指向绿色区域。

（2）在使用时，应首先将灭火器提到起火地点，破铅封，拔出保险销，一只手握住喇叭筒尾部的手柄，另一只手紧握启闭阀的压把。对没有喷射软管的二氧化碳灭火器，应把喇叭筒往上扳70°~80°。使用时，不能直接用手抓住喇叭筒外壁或金属连接管，防止手被冻伤。在使用二氧化碳灭火器时，在室外使用的，应选择上风方向喷射；在室内窄小空间使用的，灭火后操作者应迅速离开，以防窒息。

4. 泡沫灭火器

泡沫灭火器主要用于石油产品及纸张、木材、棉布燃烧等引起的火灾。

泡沫灭火器的使用方法具体如下：

（1）使用前查看压力表是否指向绿色区域，提取泡沫灭火器时，不可过分倾斜，防止两种药液混合。

（2）上下晃动灭火器，拔掉安全销，握住喷嘴对准火焰，用力按下压把，将泡沫从喷嘴喷出把火扑灭。

消防服穿戴方法

5. 消防服

消防服主要用于石油产品及纸张、木材、棉布燃烧等引起的火灾。消防服的穿戴流程如图2-21所示。

6. 防火报警器

当发生火灾时，火灾探测器没有探测到火灾时，敲碎报警器玻璃手动按下报警按钮，报告火灾信号。图2-22为手动报警器的使用方法。

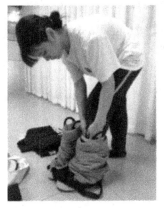
（1）将裤子套在胶靴上，将裤腰褪到胶靴口处

（2）将脚深入胶靴中，提起裤腰，拉起肩带

图 2-21

(3)穿上衣消防服，拉链拉到尾，魔术贴粘好

(4)缠好腰带

(5)戴好消防头盔

(6)戴上防护手套

图 2-21　消防服的穿戴流程

图 2-22　手动报警器的使用方法

7. 防毒面具

防毒面具用于个人火灾逃生，可用于防止热气流、毒烟毒气、一氧化碳等有害气体或有害烟雾对头、面部呼吸系统的伤害。防毒面具的使用方法如图 2-23 所示。

8. 逃生绳

消防逃生绳是火灾逃生中的重要工具之一，在高层建筑中使用较多。逃生绳的使用方法如图 2-24 所示。

(1)打开盒盖，取出塑料包装袋

(2)撕开塑料包装袋，拔掉前后两个罐塞

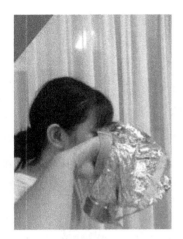
(3)戴上头罩

(4)拉紧头带

(5)正确佩戴

(6)选择路径，果断逃生

图 2-23　防毒面具的使用方法

图 2-24　逃生绳使用方法

(1)选取固定点。将逃生绳带或逃生软梯一端固定在牢固的物体上,例如结实的窗户、暖气管上,然后用力下拉看是否能够承受自身的重量。

(2)把安全带缠绕在臀部、腰间或腋下,调紧安全带松紧扣,并将救生绳顺着窗口抛向楼下。

(3) 戴上防护手套双手握住救生绳,左脚面勾住窗台,右脚蹬外墙面,待人平稳后,左脚移出窗外。

(4) 两腿微弯,两脚用力蹬墙面的同时,双臂伸直,双手微松,两眼注视下方,沿救生绳带下滑。

(5) 接近地面时,右臂向前弯曲,勒紧绳带,两腿微曲,两脚尖先着地。

(6) 当第一位人员安全着地后,楼上人员把安全绳的另外一端从楼下拉至楼上重新固定好固定点,在固定点一端取下然后抛向楼下,这样第二个人员可以继续逃生使用。

9. 灭火球

灭火球有两种操作方式:第一,当发生火灾时,首先将干粉灭火球装置放到指定位置,火焰引燃引线,干粉灭火球装置会在3s内启动,从而迅速扑灭早期火灾;第二,当某区域发生火灾时,不管是老人还是小孩均可将灭火球抛掷到指定区域,一旦火焰接触到引线,便会在3s内迅速引燃启动,从而迅速扑灭火情。图2-25为使用灭火球灭火的方法。

图2-25　使用灭火球灭火

技能训练一

灭火器的使用

1. 任务目标

(1) 熟悉灭火器的使用与保养方法;

(2) 了解灭火器的配置情况和注意事项;

(3) 培养遵章守纪、团结协作的意识,树立安全第一的指导思想。

2. 操作准备

(1) 人员组织:2人一组。

(2) 设备准备:手提式灭火器。

(3) 安全用具:绝缘靴、绝缘手套、安全帽。

(4) 材料准备:记录本、记录笔。

(5) 操作时间:10min。

项目二 消防应急处理

3. 知识回顾

(1)识别灭火器的型号

(2)对灭火器进行检查,看是否能正常使用,压力表要指到绿色区域

(3)去铅封

(4)拔掉安全销

(5)握住压把,拖住底部

(6)离火焰2m处喷射

4. 操作程序(表2-3)

操作程序　　　　　　　　　　　　　　　　　表2-3

步　骤	图　例	操作方法	注意事项
1			
2			
3			

续上表

步　骤	图　例	操作方法	注意事项
4			
5			
6			

5. 注意事项

（1）检查。①检查灭火器上的压力表的颜色。灭火器上的压力显示颜色分为三个区：绿区、黄区和红区，如果指针指在绿色区域内，表示该灭火器可以正常使用；如果指针指在黄色区域则表示灭火器已经接近最后的使用期限；如指针指向红色区域，则说明内部压力已经泄漏无法使用，应尽快送去维修部门检修或更换新的灭火器。②检查灭火器保质期，超过保质期的应及时更换。出厂满5年的，即使未开启使用过，也必须送专业单位检修，此后，每年必须检测一次，以确保灭火器安全可靠。

（2）先断电源。若是电器引发的火灾，扑救时应先切断电源，以防触电。

（3）勿与水喷。不要与水同时喷射在一起，以免影响灭火效果。

6. 测评标准（表2-4）

测评标准　　　　　　　　　　　　　　　表2-4

项目及配分		考核内容及评分标准	项目得分
1. 识别灭火器的型号	10分	未识别型号，本项目不得分	
2. 对灭火器的压力表进行检查	20分	指针未指到绿色，本项目不得分	
3. 去铅封	10分	未去铅封，本项目不得分	

续上表

项目及配分		考核内容及评分标准	项目得分
4.拔安全销	20分	未按时(5s内)拔掉安全销,本项目不得分	
5.拿着灭火器的压把	20分	未拿到压把的正确位置,本项目不得分	
6.离火焰2m处扫射	20分	未保持1.5~2m的距离或未扫射,本项目不得分	
总得分			

技能训练二

消防服的穿戴方法

1. 任务目标

(1)熟悉消防服的穿戴流程;
(2)了解穿戴消防服的注意事项;
(3)培养遵章守纪、团结协作的意识,树立安全第一的指导思想。

2. 操作准备

(1)人员组织:2人一组。
(2)设备准备:消防战斗服、腰带、头盔、手套、消防胶靴。
(3)安全用具:绝缘靴、绝缘手套、安全帽。
(4)材料准备:记录本、记录笔。
(5)操作时间:3min。

3. 知识回顾

(1)将裤子套在胶靴上,将裤腰褪到胶靴口处

(2)将脚伸入胶靴中,提起裤腰,拉起肩带

(3)穿上消防服上衣,拉链拉到尾,魔术贴粘好

(4)缠好腰带

(5)把消防头盔戴好

(6)穿戴上防护手套

4. 操作程序（表2-5）

操作程序　　　　　　　　　表2-5

步骤	图例	操作方法	注意事项
1			
2			
3			

续上表

步骤	图例	操作方法	注意事项
4			
5			
6			

5. 注意事项

（1）必须检查消防服是否在有效期内，衣服的整体性能是否处于安全的范围内。检查过程中要特别注意消防服的封闭性、气密性、供气情况、报警装置能否正常运行。

（2）注意面具的面罩和头罩紧密结合，扣紧下巴的扣带，保证消防服的整体气密性。

（3）一般情况，消防服根据生产厂家的不同，使用年限一般在4到6年不等，需要检查消防服是否已经超过使用年限。

6. 测评标准（表2-6）

测 评 标 准　　　　表2-6

项目及配分		考核内容及评分标准	项目得分
1.检查消防服的安全性能（封闭性、气密性、供气情况、报警装置能否正常运行）	20分	未检查消防服的安全性能，本项目不得分	
2.裤腰褪到胶靴扣处	10分	裤腰未褪到胶靴扣处，本项目不得分	

续上表

项目及配分		考核内容及评分标准	项目得分
3. 穿上消防服时,拉链需要拉到尾,将魔术贴粘好	10分	拉链未拉到尾或者魔术贴未粘好,本项目不得分	
4. 缠好腰带	20分	腰带未缠或未缠好,本项目不得分	
5. 戴好消防头盔	20分	消防头盔未戴或未戴好,本项目不得分	
6. 戴上防护手套	20分	防护手套未戴,或未戴好,本项目不得分	
总得分			

技能训练三

防毒面罩的佩戴方法

1. 任务目标

(1) 熟悉防毒面罩的佩戴流程;

(2) 了解防毒面罩佩戴流程的注意事项;

(3) 培养遵章守纪、团结协作的意识,树立安全第一的指导思想。

2. 操作准备

(1) 人员组织:2人一组。

(2) 设备准备:防毒面罩。

(3) 安全用具:绝缘靴、绝缘手套、安全帽。

(4) 材料准备:记录本、记录笔。

(5) 操作时间:2min。

3. 知识回顾

(1) 打开盒盖,取出塑料包装袋

(2) 撕开塑料包装袋,拔掉前后两个罐塞

(3) 戴上头罩

项目二　消防应急处理

(4)拉紧头带

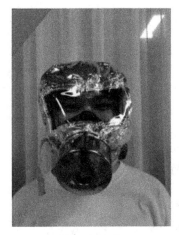
(5)正确佩戴

(6)选择路径,果断逃生

4. 操作程序(表2-7)

操作程序　　　　　　　　　　　　　　　　表2-7

步　骤	图　例	操 作 方 法	注 意 事 项
1			
2			
3			

续上表

步　骤	图　　例	操作方法	注意事项
4			
5			
6			

5. 注意事项

（1）使用前需检查面具是否有裂痕、破口，确保面具与脸部贴合密封性良好。

（2）检查呼气阀片有无变形、破裂及裂缝。

（3）检查头带是否有弹性。

（4）检查滤毒盒座密封圈是否完好。

（5）检查滤毒盒是否在使用期内。

（6）滤毒罐应储存于干燥、清洁、空气流通的库房环境，严防潮湿、过热，其有效期为3年，超过3年应重新更换。

（7）防毒面具的使用时间一般为 40~60min，最好在此时间内逃出火灾现场。

6. 测评标准（表2-8）

测 评 标 准　　　　　　　　　表2-8

项目及配分		考核内容及评分标准	项目得分
1. 是否在正确时机打开防毒面罩包装袋	30分	是否在正确时机打开防毒面罩包装袋，根据规范程度给分	
2. 是否在撕开包装袋后，拔掉了前后两个罐塞	30分	是否在撕开包装袋后，拔掉了前后两个罐塞，根据规范程度给分	
3. 是否正确戴上头罩、拉紧头带	10分	是否正确戴上头罩、拉紧头带，否则，本项目不得分	
4. 是否有意识选择路径，果断离开火场逃生	30分	是否有意识选择路径，果断离开火场逃生，否则，本项目不得分	
总得分			

任务三　消防自救与应急处理

一　日常消防自救

当日常生活中突发火灾时，我们应沉着冷静马上想办法远离火灾现场，保护自己。以下是各种场景的火灾逃生技巧。

1. 居家发生火灾

（1）发现家中失火时，我们要想办法逃到楼下，首先要观察门外的火势，可以将手背放在门把上，如果门把烫手说明外面火势很大，不能开门。

（2）若门把不烫，可以一只脚抵住门，防止热流冲开房门，然后留出一点缝隙来观察外面的火势情况。

（3）逃生时尽量往下跑，同时用湿毛巾捂住口鼻并弯腰或匍匐前行，这样做呼吸较容易，视野也较清晰。

（4）如果出口已被火势包围，可以逃到阳台或卫生间，并关紧房门减缓火势蔓延到这里的速度。

（5）如果住在不算高的楼层，可以试着从窗户爬出去，两只手攀住窗户边缘，身体垂下，然后松开一只手，减短落地距离，防止骨骼严重受伤。

（6）当火势逼近迫不得已要破窗逃生时，可以找身边坚硬的物品砸碎玻璃然后把玻璃渣清理干净后再顺着窗口逃生。若是无计可施，只能在阳台大声呼救，此时一定要关紧后面的门窗。

（7）在没有阳台的房间内等待救援的同时可以用湿布堵住门缝隙，防止浓烟和火焰蔓延的速度，争取被救援时间。

(8)向木门或木质家具泼水可以防止火势蔓延。若在睡眠中突发火灾不要惊慌,压低身体匍匐逃到安全区。

(9)逃生时,如有婴儿在火灾现场可以用湿布包住脸部,防止吸入浓烟,然后将其夹在腹前或腋下匍匐逃出。

(10)夜晚起火时,可以在窗口或阳台通过闪烁的手电筒或敲击墙壁来吸引救援者的注意,逃生时尽量靠着墙走,因为消防员救援时一般也是沿着墙壁进行搜寻,这样被营救的概率更大。

2. 公共场所发生火灾

(1)进入公共场所时,要观察太平门(安全疏散门)、安全出口、灭火器的位置,并注意查看安全疏散指示标志,了解紧急救生路线。一旦发生火灾,可及时疏散和灭火。

(2)一旦听到火灾警报或意识到自己被火围困,要立即想办法撤离。

(3)逃生时可用毛巾或餐巾布、口罩、衣服等将口捂严,否则会有中毒和被热空气灼伤呼吸系统软组织窒息致死的危险。

(4)通道疏散。疏散通道如疏散楼梯、消防电梯、室外疏散楼梯等。也可考虑利用窗户、阳台、屋顶、避雷线、落水管等脱险。

(5)绳索滑行。把结实的绳子或将窗帘、床单等撕成条,拧成绳,用水沾湿后将其拴在牢固的暖气管道、窗框、床架上,被困人员逐个顺绳索滑到下一楼层或地面。

(6)低层跳离。适用于二层楼,跳前可先向地面扔一些棉被、枕头、床垫、大衣等柔软物品,以便"软着陆"。然后用手扒住窗户,身体下垂,自然下滑,以缩短跳落高度。

(7)借助器材。通常使用的器材有缓降器、救生袋、网、气垫、软梯、滑台、导向绳、救生舷梯等。

(8)在无路逃生的情况下,可利用卫生间等场所暂时避难。避难时要用水喷淋迎火门窗,把房间内一切可燃物淋湿,延长时间。在暂时避难期间,要主动与外界联系,以便尽早获救。

(9)利用标志引导脱险。在公共场所的墙上、顶棚上、门上、转弯处都设置有"太平门""紧急出口""安全通道""火警电话"和逃生方向箭头等标志,被困人员可按标志指示方向顺序逃离。

(10)遇到不顾他人死活的行为和前拥后挤现象,要坚决制止。只有有序地迅速疏散,才能最大限度地减少人员伤亡。

二 城市轨道交通列车火灾逃生自救

(1)坚持"救人第一,救人与灭火同步进行"的原则,积极进行施救。

(2)火灾发生后,车站工作人员应首先做好乘客的疏散、救护工作。

(3)起火初期,在消防员到来前积极组织灭火自救,车站工作人员应当穿戴消防防护服。

(4)消防员到来后,应遵照消防员的安排和指令,将灭火任务交给消防员。

(5)火势不可控制时,车站工作人员应主动撤离以保护自身安全。

(6)乘客在车站遇到火灾时,应服从工作人员指挥,听从事故广播指引,沿疏散指示标志出站逃生。

(7) 发生火灾时，不能使用垂直升降电梯。

三 城市轨道交通消防应急处理

1. 车站发生火灾时的消防应急处理

(1) 车站发生火灾时各岗位工作职责

①现场人员发现火灾后立即报车控室，除气体保护房间火灾外，立即尝试进行灭火。

②行车值班员接报火警后立即通知值班站长到现场确认；报 OCC 环调、行调火警情况；开事故广播；视情况报 119、120、驻站公安；执行环调、行调命令。

③值班站长到现场进行火警确认；报车控室现场确认情况；担任"事故处理主任"，组织灭火和疏散、救助乘客。

④客运值班员按照值班站长安排到站台/站厅疏散乘客。

⑤车站其他工作人员应听从车控室的统一指挥开展应急处置工作；协助进行灭火；关停所有进站方向的扶梯(出站方向扶梯继续运行)；关闭站内外垂直升降电梯；引导站厅乘客疏散出站；到出入口迎接消防队员进入车站。

⑥气体保护房间火灾由值班站长带领一名站务人员至现场确认，气体未释放前可进入设备房内确认人员情况及火灾情况，气体已经释放的严禁进入设备房间。

(2) 车站发生火灾时的应急处理流程

①站台(设备区)火灾应急处理流程(图 2-26)。

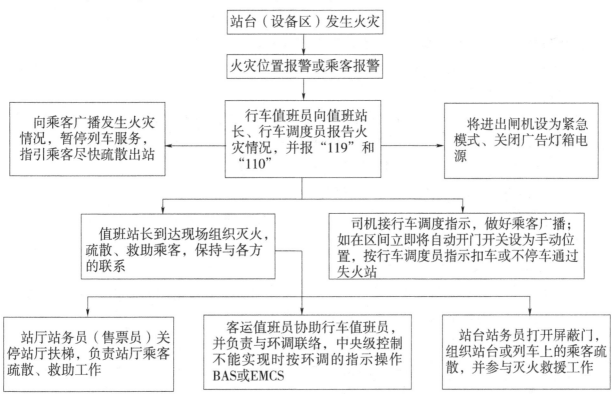

图 2-26 站台(设备区)火灾应急处理流程

②站厅(设备区)火灾应急处理流程(图2-27)。

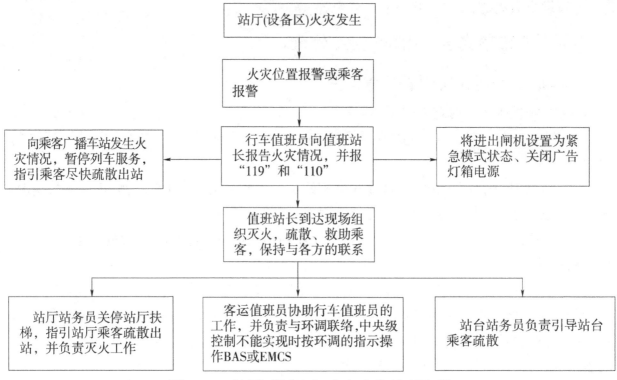

图2-27 站厅(设备区)火灾应急处理流程

2. 列车发生火灾的消防应急处理

(1)列车在站台发生火灾时的应急处理

①列车在站台发生火灾时各岗位工作职责。

a. 列车司机应打开车门及屏蔽门(无法电动开门时,应手动打开),广播安抚乘客,引导乘客疏散;确认列车起火位置、火势,迅速向行调和所在车站报告;

使用车载灭火器材进行灭火自救;

执行行调命令。

b. 行车值班员接报列车在站台发生火灾后立即按压紧急停车按钮扣停列车并马上通知值班站长;视情况报"119""120"、驻站公安;开事故广播;执行环调、行调命令。

c. 值班站长担任事故处理主任,组织灭火,疏散、救援伤员。

d. 客运值班员到车控室协助行车值班员工作。

e. 车站其他工作人员应立即暂停原工作岗位的工作,听从车控室的统一指挥,协助灭火工作;关停所有进站方向的扶梯(出站方向扶梯继续运行);引导站厅乘客疏散出站;到出入口迎接消防队员进入车站。

f. OCC在值班主任的统一指挥下,进行火情确认、列车调整,启动相应火灾模式,密切关注火灾区域设备的供电情况,并收集发布火灾信息。

g. 当司机无法电动打开车门时,车站各工作人员应协助司机手动打开车门。

②列车在站台发生火灾时的应急处理流程(图2-28):

(2)列车在隧道发生火灾时的应急处理

①列车在隧道发生火灾时各岗位工作职责。

项目二 消防应急处理

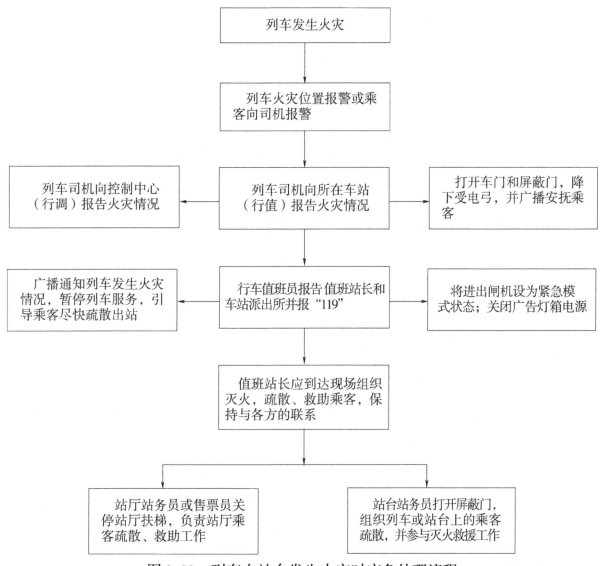

图 2-28 列车在站台发生火灾时应急处理流程

a. 列车司机：确认火灾后了解起火位置、火势情况，迅速向行调报告；若列车驾驶室有登乘人员，司机应立即通知登乘人员到现场确认火灾情况，并使用车载灭火器灭火。保持列车运行至前方车站，并广播安抚乘客，引导乘客使用车上灭火器材进行灭火自救。列车到站后开启车门，引导乘客疏散。若列车在隧道内不能前行，则应打开隧道疏散平台一侧车门，引导乘客疏散；执行行调命令。

b. 行车值班员先得到火警信息车站后，报告 OCC 环调、行调火警情况；通知（由 OCC 环调确定派靠近火警点的车站的）值班站长到现场确认；视情况报 119、120、驻站公安；开事故广播；执行环调、行调命令；与邻站进行信息沟通。

c. 值班站长带领一名站务人员按照行调要求到现场进行火警确认；报车控室现场确认情况；担任"事故处理主任"，组织灭火和疏散、救助乘客。

d. 客运值班员到车控室协助行车值班员工作。

e. 车站其他工作人员应立即听从车控室的统一指挥，协助灭火工作；关停所有进站方向的扶梯（出站方向扶梯继续运行）；引导站厅乘客疏散出站；到出入口迎接消防队员进入车站。

f. OCC 在值班主任的统一指挥下，进行火情确认、列车调整，启动相应火灾模式，密切关注火灾区域设备的供电情况,并收集发布火灾信息。

②列车在隧道发生火灾时的应急处理流程(图2-29)。

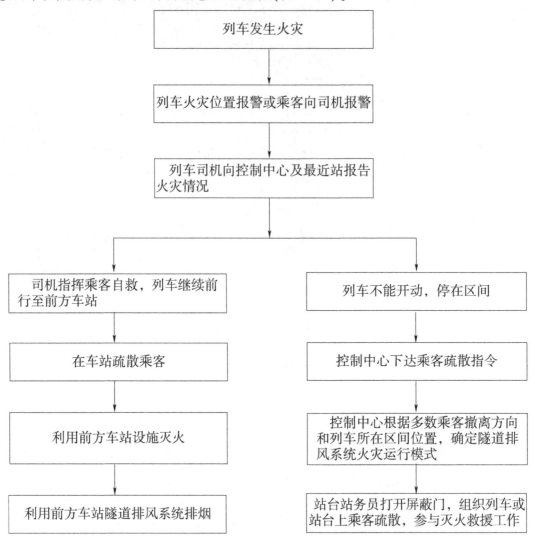

图2-29 列车在隧道发生火灾时的应急处理流程

 知识窗

列车在区间隧道内的消防应急救援

1. 列车头部着火时

司机应组织乘客迅速从车尾下车后步行至后方车站。

OCC(控制中心)开启隧道通风系统紧急模式,向列车前进方向送风(图2-30)。

图2-30 列车头部着火时的应急救援示意图

2. 列车车尾着火时

司机应组织乘客从车头迅速下车后步行至前方车站。

OCC 应开启隧道通风系统紧急模式,向列车后退方向送风(图2-31)。

图 2-31　列车车尾着火时的应急预案示意图

3. 列车中部着火且停在近前方车站时

司机组织乘客从两端下车后分别步行至前后方车站。

OCC 应开启隧道通风系统紧急模式,向列车前进方向送风,使烟雾远离尾部乘客;列车头部乘客因距离前方站较近,不会受到烟雾伤害(图2-32)。

图 2-32　列车中部着火且停在近前方车站时的应急预案示意图

4. 列车中部着火且停在近后方车站时

司机应组织乘客向两端疏散。

OCC 应开启隧道通风系统紧急模式,向列车后退方向送风,使烟雾远离头部乘客;列车尾部乘客因距离后方站较近,不会受到烟雾伤害(图2-33)。

图 2-33　列车中部着火且停在近后方车站时的应急预案示意图

5. 列车中部着火且停在区间中部

司机应组织乘客向两端疏散。

OCC 应开启隧道通风系统紧急模式,向列车前进方向送风,使烟雾远离尾部乘客(图2-34)。

图 2-34　列车中部着火且停在区间中部时的应急预案示意图

任务实施

掌握消防应急处理

1. 任务组织

课前确定学习小组,每组4~6人,前往当地城市轨道交通地铁站参观学习;通过查找资料,搜集有关城市轨道交通消防应急处理的案例,分析消防应急处理的流程,并做成PPT课件,进行课堂汇报。

2. 交流内容与学习设备准备

交流内容:城市轨道交通消防应急处理的案例、视频、图片(例如鱼骨图、动图、流程图等)。

所需设备:手机或电脑等。

3. 明确任务

以小组为单位,讨论城市轨道交通消防应急处理程序及流程图。

4. 拓展提高

城市轨道交通消防应急处理程序案例中涉及的课堂遗留问题。

5. 小组任务效果评价表(表2-9)

任务效果评价表　　　　表2-9

任务指标	评分要求	分值	得分
1. 城市轨道交通消防应急处理的具体案例	根据是否有城市轨道交通消防应急处理的案例,以及案例是否具有典型性进行评分	20	
2. 城市轨道交通消防应急处理一般应急处理程序的条理清晰度	根据城市轨道交通消防应急处理一般应急处理程序的条理清晰度进行评分	10	
3. 城市轨道交通消防应急处理的一般处理程序的步骤是否完整	根据城市轨道交通消防应急处理一般处理程序的完整程度进行评分	10	
4. 城市轨道交通消防应急处理的一般处理程序是否符合逻辑性	根据城市轨道交通消防应急处理一般处理程序是否符合逻辑性进行评分	10	
5. 根据城市轨道交通消防应急处理的一般处理程序,画出流程图	根据是否有流程图,流程图的完整性进行评分	20	

续上表

任务指标	评分要求	分值	得分
汇报效果评价	(1)礼仪规范及语言表达	10	
	(2)准备	10	
	(3)演讲掌控	10	
分项得分	自我评分(　　) 小组评分(　　) 教师评分(　　)		
总分	总分＝自我评分(　　)×30％＋小组评分(　　)×40％＋教师评分(　　)×30％		

综合演练

消防应急处理

一、演练目的

(1)检查对消防应急处理程序的掌握情况。

(2)检查各岗位对自己职责掌握的熟练程度。

(3)检查岗位之间信息沟通是否顺畅。

(4)根据演练流程完成,演练评估报告。

二、人员安排

(1)岗位人员:值班站长1名,行车值班员1名,客运值班员1名,站务员2名(站台、票亭),相关工作人员1名(可以由一人或多人扮演行调、消防人员、地铁公安等,负责接收相关信息)。

(2)观察人员:建议每个角色均有一名观察人员,记录岗位扮演人员的关键步骤和关键动作,以便演练完成后进行总结。

三、物资准备

扩音器、告示牌、防烟面具、灭火器。

四、情境假设

某日10:00左右,A站站台B端有一个垃圾桶着火冒烟,现场起火并蔓延较快,带有浓烟。

 思考

当在车站站台发生火灾时,我们为了保证车站设备设施安全以及乘客、车站人员的人身安全,应该如何处理火灾?

2-4

如何处理火灾

五、演练流程

(1)10:00,站务员(站台岗)发现站台B端有一个垃圾桶着火冒烟,现场起火并蔓延较快,带有浓烟,报车控室,值班站长到现场确认情况后,疏散周边乘客,并组织进行初期灭火。

(2)10:00,行值马上向行调报告站台发生火灾情况。

(3)10:05,火势不可控,值班站长宣布执行《站台火灾应急疏散程序》。

>
>
> 执行《站台火灾应急疏散程序》的关键点在哪里?
>
>
>
> 站台火灾应急疏散关键点

[提示]站台火灾应急疏散时各个岗位行动指引见表2-10。

站台火灾应急疏散时各个岗位行动指引 表2-10

岗 位	行 动 指 引
站台岗 (站务员)	(1)接到火警通知后赶赴现场协助灭火,及时确认并报告车控室火灾位置、大小、火灾性质等,并进行第一时间灭火; (2)站台发生火灾时,当有列车停靠时,立即通知司机火灾信息,根据实际需要通知列车组织乘客疏散; (3)当接到执行《站台火灾应急疏散程序》的通知后,立即关停站台扶梯; (4)站台有列车时,立即通知司机火情,可将站台乘客往列车上疏散,显示"好了"信号通知司机立即关门动车; (5)往站厅疏散乘客,确认站厅/出入口垂直电梯是否有乘客滞留; (6)在确认车站乘客疏散完毕后,到达出入口与保洁交接后关闭出入口、张贴告示并报告车控室; (7)听从值班站长安排; (8)进行员工疏散时到紧急出入口集合; (9)接到值班站长通知车站恢复正常后,做好恢复运营前的准备工作,并报告车控室准备情况
票亭岗 (站务员)	(1)接到火警通知后收好钱和票,关闭票亭电源,赶到现场协助灭火; (2)接到执行《站台火灾应急疏散处理程序》的通知后,确认闸机进入紧急模式,打开边门,利用手提广播疏导乘客出站; (3)确认扶梯是否已关停,确认站台到站厅的垂梯是否有乘客滞留; (4)在确认车站乘客疏散完毕后,到达出入口与保洁交接后关闭出入口、张贴告示并报告车控室; (5)听从值班站长安排
客运值班员	(1)接到火警通知后,立即赶到车控室,协助行车值班员,确认情况和相应的火灾模式开启,环控模式未启动则通知车控室报告环调; (2)确认所有AFC设备紧急模式与相应的通风排烟模式是否已启动成功,扶梯是否已关停;

续上表

岗 位	行 动 指 引
客运值班员	（3）若发生乘客受伤,协助其疏散; （4）疏散完毕后听从值班站长安排,进行员工疏散时到紧急出入口集合; （5）接到值班站长通知车站恢复正常后,组织检查 AFC 设备、各种服务设备设施是否正常并报车控室; （6）撤除停止服务的告示,打开出入口,引导乘客进站
行车值班员	（1）接收到火警信息后,立即通知值班站长到报警点确认; （2）确认发生火灾后,通知厅巡岗、保洁等驻站人员协助灭火;报环调、行调、119、110 和 120,根据情况向行调申请列车在本站不停站通过; （3）火灾不可控制时,按压 AFC 紧急按钮,将闸机设为紧急模式; （4）广播通知所有岗位执行《站台火灾应急疏散处理程序》,并反复广播引导乘客疏散; （5）及时将火灾情况报告行调,并与行调、值班站长保持联系,安排保洁人员到各出入口拦截进站乘客、张贴告示,安排安全员到紧急出口外接应消防人员,安排安检、商铺人员疏散车站人员后到达紧急出入口集合; （6）必要时,将相关设备区通道门门禁设置为常开状态（或按压门禁紧急按钮）,以方便抢险; （7）确认车站疏散完毕后,报告行调; （8）需要进行撤退时,需向行调提供 2 个联系电话保持联系,并到紧急出入口集合; （9）接到值班站长通知车站恢复正常后,安排人员检查车站设备设施情况,向行调报告车站运营准备工作,并向行调了解行车运行恢复情况并报告值班站长; （10）通知各岗位员工,车站恢复正常运营
值班站长	（1）接到火警信息后,立即到现场确认,组织灭火; （2）确认火灾不可控制时,宣布执行《站台火灾应急疏散处理程序》,及时组织疏散乘客; （3）安排人员在出入口拦截乘客进站; （4）疏散完毕后组织关闭出入口（紧急出入口除外）、张贴告示,并安排人员到出入口接应救援人员; （5）视情况组织员工疏散,进行员工疏散时到紧急出入口集合,当撤退时负责确认所有站内人员疏散完毕; （6）消防队到现场后,将有关信息通报给消防负责人,配合其相关工作; （7）负责与各方的协调与沟通; （8）接到车站可恢复运营的通知后,组织车站投入运营

思考

当火灾被扑灭后,车站应该要做好哪些准备工作才能恢复正常运营?

(4)11:10,消防人员已完成车站灭火工作,值站组织各岗位检查AFC设备、各种服务设备设施,撤除停止服务的告示,行调组织全线各次列车恢复正常运行,车站通知各岗位恢复正常运营。

六、演练总结与评估

演练结束后,相关工作人员应组织总结会,总结会包括以下内容:

(1)岗位人员发言,总结演练过程中好的做法和存在的问题;
(2)观察员阐述观察情况,并对观察岗位进行点评;
(3)根据总结情况,形成演练评估报告,确定小组演练成绩。

七、演练评估报告

演练项目:消防应急处理演练			
演练形式		演练总指挥	
演练时间		演练地点	
演练背景概况:某日10:00左右,A站站台A端有一个垃圾桶着火冒烟,现场起火并蔓延较快,带有浓烟。			
演练过程记录			
序号	时间	过程描述	存在的问题
1		站务员(站台岗)发现站台A端有一个垃圾桶着火冒烟,现场起火并蔓延较快,带有浓烟,报车控室,值班站长到现场确认情况后,疏散周边乘客,并组织进行初期灭火	
2		行值立即向行调报告站台发生火灾情况	
3		火势不可控,值班站长宣布执行《站台火灾应急疏散程序》	
4		站台岗(站务员):	
5		票亭岗(站务员):	
6		行车值班员:	
7		客运值班员:	
8		值班站长:	
9		消防人员已完成车站灭火,值站组织各岗位检查AFC设备、各种服务设备设施,撤除停止服务的告示,行调组织全线各次列车恢复正常运行,车站通知各岗位车站恢复正常运营	
10		演练负责人确认各环节执行完毕,宣布演练结束	

续上表

演练总结				
好的方面：				
不足方面：				
演练总体评价	□优秀	□良好	□合格	□不合格
参演人员签名：				

练习与思考

一、单选题

1. 下列选项中哪一项不是燃烧必须具备的条件(　　)。
   A. 着火源　　　　B. 火柴或打火机　　　C. 可燃物　　　　D. 助燃物

2. 下列灭火器操作过程中正确的一项是(　　)。
   A. 灭火器无铅封
   B. 灭火器压力指针处于绿色区域
   C. 灭火器超过复验期限的
   D. 灭火器压力指针处于红色区域的

3. 灭火器压力表指针在灭火器的黄色位置代表(　　)。
   A. 压力过高　　B. 压力不足　　C. 气体不足　　D. 气体已满

4. 防毒面具的穿戴过程中,在戴上头罩前,必须拔掉前后(　　)个罐塞。
   A. 1　　　　　B. 2　　　　　C. 3　　　　　D. 4

5. 区间隧道内,列车头部着火时,乘客疏散方向和隧道送风方向分别是(　　)。
   A. 从车尾下车后步行至后方车站；向列车前进方向送风
   B. 从车头下车后步行至前方车站；向列车后退方向送风
   C. 从两端下车后分别步行至前后方车站；向列车前进方向送风
   D. 从两端下车后,分别步行至前后方车站；向列车后退方向送风
   E. 两端疏散；向列车前进方向送风

6. 区间隧道内,列车车尾着火时,乘客疏散方向和隧道送风方向分别是(　　)。
   A. 从车尾下车后步行至后方车站；向列车前进方向送风
   B. 从车头下车后步行至前方车站；向列车后退方向送风
   C. 从两端下车后分别步行至前后方车站；向列车前进方向送风
   D. 从两端下车后,分别步行至前后方车站；向列车后退方向送风
   E. 两端疏散；向列车前进方向送风

7. 区间隧道内,列车中部着火且停在近前方车站时,乘客疏散方向和隧道送风方向分别是(　　)。

A. 从车尾下车后步行至后方车站;向列车前进方向送风

B. 从车头下车后步行至前方车站;向列车后退方向送风

C. 从两端下车后分别步行至前后方车站;向列车前进方向送风

D. 从两端下车后,分别步行至前后方车站;向列车后退方向送风

E. 两端疏散;向列车前进方向送风

8. 区间隧道内,列车中部着火且停在近后方车站时,乘客疏散方向和隧道送风方向分别是(　　)。

A. 从车尾下车后步行至后方车站;向列车前进方向送风

B. 从车头下车后步行至前方车站;向列车后退方向送风

C. 从两端下车后分别步行至前后方车站;向列车前进方向送风

D. 从两端下车后,分别步行至前后方车站;向列车后退方向送风

E. 两端疏散;向列车前进方向送风

9. 区间隧道内,列车中部着火且停在区间中部时,乘客疏散方向和隧道送风方向分别是(　　)。

A. 从车尾下车后步行至后方车站;向列车前进方向送风

B. 从车头下车后步行至前方车站;向列车后退方向送风

C. 从两端下车后分别步行至前后方车站;向列车前进方向送风

D. 从两端下车后,分别步行至前后方车站;向列车后退方向送风

E. 两端疏散;向列车前进方向送风

二、多选题

1. 燃烧的条件主要有(　　)。
   A. 可燃物　　　B. 助燃物　　　C. 着火源　　　D. 水

2. 火灾具有极大的危害性,主要表现在(　　)两个方面。
   A. 人身伤亡　　B. 财产损失　　C. 化学污染　　D. 病毒感染

3. 火灾的发展过程包括(　　)。
   A. 初起阶段　　B. 发展阶段　　C. 猛烈阶段　　D. 下降阶段
   E. 熄灭阶段　　F. 余热阶段

4. 下列选项中,属于防火的基本方法的有(　　)。
   A. 控制可燃物　B. 隔绝助燃物　C. 杜绝着火源　D. 点燃着火源

5. 下列选项中,属于灭火的基本方法的有(　　)。
   A. 冷却灭火法　B. 窒息灭火法　C. 隔离灭火法　D. 化学抑制灭火法

三、简答题

1. 城市轨道交通火灾特点具体表现在哪几个方面?
2. 干粉灭火器、二氧化碳灭火器、泡沫灭火器分别适用于什么情况下的火灾。
3. 简述车站发生火灾时各岗位工作职责。

项目三

车站大面积停电应急处理

1. 能够理解车站大面积停电事件的分类：一级停电事件、二级停电事件、三级停电事件以及相关概念，分析具体车站大面积停电事件的级别，并能运用应急处理程序正确处理车站大面积停电问题。

2. 能够分析某城市轨道交通的供电方式的具体种类。

3. 能够辨识一般的车站安全疏散标识。

4. 能够运用车站大面积停电应急处理流程正确处理车站大面积停电事件。

案例导学

【案例经过】

2008年5月24日，广州地铁1号线农讲所站至长寿路站（往西朗站方向）的线路停电，广州地铁立即启动大面积停电应急预案，整个应急处理疏散过程历时1个多小时，累计疏散东山口站至芳村站地铁乘客约300人。

5月24日下午15:09，1号线一列从东站开往西朗的列车运行至农讲所—公园前区间时，突然发生供电设备故障，导致农讲所站至长寿路站（往西朗站方向）的线路停电。故障一度造成1号线停运时间共89min。

据目击者介绍，有不少乘客从地铁口里走出来，仍旧有三三两两的乘客走入地铁，地铁里不停地广播："由于供电故障，往西朗方向的乘客，请换乘其他交通工具，7日之内可以退票，不便之处，敬请原谅。"地铁1号线每个出口处都竖有告示牌，工作人员也不停地在所有出入口进行解释。

在广州地铁公司，遇到停运等特殊情况，如果是持单程票的乘客，在一周内可以退票，如果当时刷了羊城通而没有搭乘地铁的乘客，地铁公司将对其羊城通进行系统更新，不会影响乘客搭乘其他交通工具的刷卡。

【处理措施】

地铁公司根据现场故障情况，立即启动《广州地铁应急公交接驳预案》，车站及列车对乘客做好故障广播，及时安抚乘客，按照预案程序迅速联络市客管处等相关单位，积极组织乘客疏散。

故障发生后,地铁公司立即组织维修人员进行故障抢修,启动停电事故应急处理程序。同时组织列车在西朗至芳村站和东山口至广州东站小交路运行,芳村至东山口站上行线单线双向运行,尽量减少故障对乘客的影响。同时,通知其他线路的车站和列车加强广播,告知乘客故障信息,做好乘客引导工作。并在故障发生后的第一时间电话通知羊城交通台和广州电台交通台,引导市民改乘其他交通工具;在故障排除后1min内通知其恢复运营的信息。16:38故障排除,1号线全线恢复正常行车。

事发后,广州地铁公司随即启动应急方案,在广州市电车公司等单位的协助下,紧急疏散地铁站内的乘客。5月24日共投入26部公交车疏散乘客。截至5月24日下午16:38时,地铁1号线恢复运营。整个疏散过程历时1个多小时,累计疏散东山口站至芳村站地铁乘客约300人。

【案例提示】

地铁供电系统断电时,地铁的隧道和车站的应急照明灯将会自动开启。地铁站工作人员和乘客首先要保持冷静,不要惊慌,避免发生踩踏事件。乘客要听从工作人员的指引有序撤离,如果是在3、4号线的区间,可通过隧道疏散平台跑出隧道;如果是在车站,则要听从工作人员指引,迅速疏散到地面空旷安全处。

任务一 了解车站大面积停电

一 车站大面积停电的原因

车站大面积停电的原因主要包括以下几个方面:

(1)电力设备故障,包括变压所变压器故障、整流机组故障、断路器故障、传输电缆故障、接触网故障及电力监控系统故障等。

(2)受到城市电力网故障的影响,也可能会造成城市轨道交通大面积停电。

(3)路面施工和恐怖袭击等原因对电力系统造成的外力破坏。

(4)自然气象灾害对电力系统造成的破坏。

二 车站大面积停电的影响

车站大面积停电的影响主要包括以下几个方面:

(1)可能造成临线或者全线网运营中给乘客出行带来不便甚至客流拥堵,造成整个城市公共交通的压力。

(2)疏散过程中客流激增,造成乘客恐慌,可能会造成踩踏、挤压等事故,城市轨道交通的公众形象受影响。

(3)供电中断,可能造成通信、信号、机电等系统无法正常控制,造成事故和灾害。

因此了解车站供电系统的相关知识显得更加重要了。

三 车站大面积停电的分级

大面积停电事件主要分为一级停电事件、二级停电事件和三级停电事件三级。

1. 一级停电事件

一级停电事件是指所有城市轨道交通供电系统主变电所停电,导致城市轨道交通被迫停运的事件。

2. 二级停电事件

二级停电事件是指城市轨道交通线路的供电系统出现一个以上,但不是所有主变电所全所停电,导致较大范围的车站或车辆段全部交流停电、接触网停电而造成局部中断行车的事件。

3. 三级停电事件

三级停电事件是指局部车站或车辆段出现两路 35kV 交流电源停电。车辆段出现两路 35kV 交流电源停电,会导致车辆段接触网停电,影响车辆段运作;局部车站两路 35kV 交流电源停电会导致局部中断行车的事件。

四 车站供电系统

1. 城市电网对轨道交通的供电方式

城市轨道交通系统的外部电源方案,根据城市电网构成的不同特点,可采用集中式、分散式、混合式等不同形式的供电方式。究竟采用何种方式,应通过计算确定需要负荷之后,根据城市轨道交通路网规划、城市电网构成特点、工程实际情况综合分析确定。

(1)集中式供电:在城市轨道交通沿线,根据用电容量和线路长短,建设专用的主变电所,这种由主变电所构成的供电方案,称为集中式供电。例如:上海、广州、南京、德黑兰地铁公司用的就是集中式供电方式。

(2)分散式供电:不设主变电所,而直接由城市电网区域变电所的 35kV 或 10kV 中压输电线直接向城市轨道交通沿线设置的牵引变电所、降压变电所供电并形成环网。例如:沈阳地铁、长春轻轨、大连轻轨、北京城铁、北京地铁八通线、北京地铁 5 号线用的就是分散式供电方式。

(3)混合式供电:将前两种供电方式结合起来,一般以集中式供电为主,个别地段引入城市电网电源作为集中式供电的补充,使供电系统更加完善和可靠。例如:北京地铁 1 号线用的就是混合式供电方式。

2. 负荷等级

城市轨道交通系统是一个重要的用电负荷。按规定应为一级负荷,即应由两路电源供电,当任何一路电源发生故障中断供电时,另一路应能保证城市轨道交通重要负荷的全部用电需要。

城市轨道交通供电系统的负荷等级共分为以下三级:

(1)一级负荷:中断供电造成的后果十分严重的重要负荷,该类负荷由低压变电所两段母线各馈出一路电源至设备附近的电源切换箱,经电源切换箱实现双电源末端切换后再馈出给设备,两路电源正常时一路工作,一路备用,并可互为备用,如通信系统、自动售检票系统、信号系统、牵引供电系统、电力监控系统、消防报警系统、气体灭火系统、机电设备监控系统、屏蔽门、变电所用电、防淹门、消防泵、废水泵、雨水泵、事故风机及其风阀、排烟风机及其风阀、站厅和站台照明、事故照明等。

（2）二级负荷:中断供电造成的后果较严重的重要负荷,该类负荷由低压变电所其中一段母线馈出一路电源至设备附近的电源配电箱后再馈出到相关设备,当该段母线失压后,母联断路器自动合闸,可由另一段母线继续供电,如非事故风机及其风阀、排污泵、自动扶梯、设备区照明和管理区照明、楼梯升降机、民用通信电源、维修电源等。

（3）三级负荷:不属于一、二级负荷的一般电力负荷,该类负荷由低压变电所其中一段母线馈出一路电源至设备附近的电源配电箱后再馈出到相关设备,当低压变电所任一段母线失压或故障时,均联跳所有三级负荷的设备供电,如冷水机组、冷冻水泵、冷却塔风机、广告照明、电开水器、清扫电源等。

负荷分级及供电要求

[摘自《供配电系统设计规范》（GB 50052—2009）]

3.0.1 电力负荷应根据对供电可靠性的要求及中断供电在对人身安全、经济损失上所造成的影响程度进行分级,并应符合下列规定:

1. 符合下列情况之一时,应视为一级负荷。
(1)中断供电将造成人身伤害时。
(2)中断供电将在经济上造成重大损失时。
(3)中断供电将影响重要用电单位的正常工作。

2. 在一级负荷中,当中断供电将造成人员伤亡或重大设备损坏或发生中毒、爆炸和火灾等情况的负荷,以及特别重要场所的不允许中断供电的负荷,应视为一级负荷中特别重要的负荷。

3. 符合下列情况之一时,应视为二级负荷。
(1)中断供电将在经济上造成较大损失时。
(2)中断供电将影响较重要用电单位的正常工作。

4. 不属于一级和二级负荷者应为三级负荷。

五 车站安全疏散标识

每个地铁车站都有本车站的应急疏散线路图,当发生突发情况时,工作人员会引导乘客按照指示标志沿着疏散通道快速出站,但是当发生停电这种事故时,乘客不容易找到疏散通道,地铁公司为应对这种情况,在地铁车站都配置了可自发光的向导标志牌,如图3-1所示。这些标志密集覆盖了地铁站内所有障碍物、台阶及侧墙边沿,当地铁发生停电等事故时乘客可以按照疏散标志的引导顺利出站。

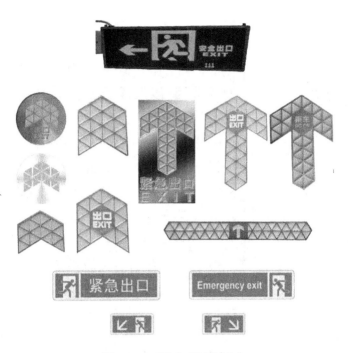

图 3-1　安全指示标志

任务实施

了解车站大面积停电应急处理

1. 任务组织

课前确定学习小组,每组 4~6 人,前往当地城市轨道交通地铁站参观学习;通过查找资料,搜集有关车站大面积停电的案例,分析车站大面积停电的原因,并做成 PPT 课件,进行课堂汇报。

2. 学习资源与学习设备准备

学习资源:车站大面积停电的案例、视频、图片(例如鱼骨图、动图、流程图等)。

学习设备:手机(或电脑、平板电脑等)。

3. 明确任务

以小组为单位,讨论车站大面积停电的成因、特点、危害及一般应急处理程序。

4. 拓展提高

车站大面积停电事件案例中涉及的课堂遗留问题讨论。

5. 小组任务效果评价表(表 3-1)

任务效果评价表　　表 3-1

评价指标	评分要求	分值	得分
1. 车站大面积停电基础知识的掌握	根据车站大面积停电基础知识的掌握情况,进行评分	20	
2. 车站大面积停电案例的典型性	根据是否有车站大面积停电案例,以及案例是否具有典型性进行评分	10	

续上表

评价指标	评分要求	分值	得分
3.车站大面积停电的成因	根据是否有车站大面积停电案例的成因，以及成因是否有说服力进行评分	10	
4.车站大面积停电的特点	根据是否有车站大面积停电案例的特点，以及特点是否有概括性进行评分	10	
5.车站大面积停电的应急处理流程	根据是否有车站大面积停电的应急处理流程，以及流程分析思路是否清晰进行评分	20	
汇报效果评价	(1)礼仪规范及语言表达	10	
	(2)准备	10	
	(3)演讲掌控	10	
分项得分	自我评分（　　　） 小组评分（　　　） 教师评分（　　　）		
总分	总分＝自我评分（　　　）×30％＋小组评分（　　　）×40％＋教师评分（　　　）×30％		

任务二　车站大面积停电应急处理

一　车站大面积停电应急处理原则

(1)贯彻"预防为主、防救结合"的原则。维修工程部门需要加强电力设备的维修保养，落实事故预防和隐患控制措施，有效防止所辖设备故障造成的大面积停电事件。

(2)贯彻"统一指挥、分工负责"的原则。发生大面积停电后，控制中心根据停电事件级别，组织启动相应应急处理程序。根据事件响应级别立即组织成立现场指挥组（应急指挥部），各相关部门分工负责，成立专业抢险队，做好停电后设备的安全防护、抢修抢险和送电恢复工作，车务部及相关部门需做好客运服务和乘客疏导工作。

(3)贯彻"先通后复"的原则。积极采取各项措施，控制事态发展，迅速抢救，尽快恢复运营，尽量减少人员伤亡和财产损失。

二 车站大面积停电的应急处理流程

车站大面积停电的应急处理流程如图 3-2 所示。

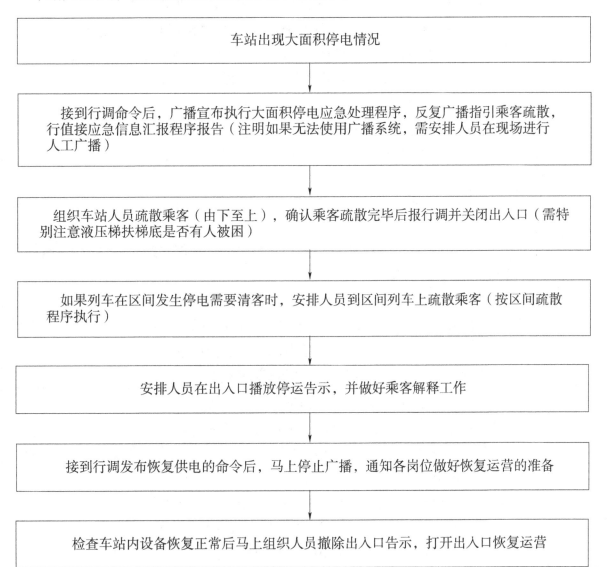

图 3-2 车站大面积停电的应急处理流程

三 车站大面积停电应急处理预案

城市轨道交通线路发生大面积停电事故时,应沉着镇静,稳定乘客情绪,维持秩序,尽力保证乘客安全。控制中心根据停电影响情况,组织抢修抢险,发布列车停运、急救和车站关闭等命令,并及时将灾情上报给上级。根据任务一提及的车站大面积停电事件主要分为一级停电事件、二级停电事件、三级停电事件三级,车站大面积停电的应急处理程序根据不同停电事件情况也主要分为三级:一级停电事件应急处理程序(表3-2)、二级停电事件应急处理程序(表3-3)、三级停电事件应急处理程序(表3-4)。车站大面积停电时各岗位职责见表3-5。

一级停电事件应急处理程序　　　　　　　表 3-2

岗　　位	处　理　程　序
值班主任	(1) 接电调报告后,启动一级大面积停电事件应急处理程序。 (2) 成立现场指挥组,通知应急值班人员、各功能组、抢险队赶赴现场处置。 (3) 组织信息调度,使用公司信息平台发布故障信息,向主管领导通报故障信息。 (4) 如明确 10min 内不能恢复正常供电时,立即通知行调组织乘客疏散。 (5) 需要启动应急公交接驳预案时按有关规定提出申请。 (6) 按相关规定进行信息通报。 (7) 组织信息调度通报公安公交分局,视情况通知 120。 (8) 在恢复一、二级负荷供电后,宣布解除应急状态
行调	(1) 立即向正线列车司机、全线车站、DCC、维修调度发布启动一级大面积停电应急处理程序的命令。 (2) 立即全呼全线列车,要求在故障区域的列车扣停在站台待令,在区间列车尽量惰行进入前方车站待令。 (3) 要求车站组织关闭,只出不进。 (4) 按值班主任指令通知车站疏散乘客,组织被迫停在区间停车的列车落客(疏散)。 (5) 执行值班主任指令,通知车站启动应急公交接驳预案。 (6) 在解除应急状态后,组织恢复行车和客运服务
电调	(1) 把故障信息通报控制中心各调。 (2) 把停电的主变所主变压器高、低压侧开关断开。 (3) 与地调联系,确认故障性质、故障原因,若是上级供电设备故障,确认恢复时间,做好送电准备。 (4) 若是城市轨道交通内部供电设备故障,按相关应急处理程序尽快组织处理。 (5) 判断在 1h 内不能恢复供电时,组织供电人员退出各变电所的蓄电池设备。 (6) 在恢复供电后,组织恢复相关负荷供电
环调	(1) 确认受影响车站进入事故照明状态。 (2) 将停电的所有环控设备运行模式锁定为停机模式。 (3) 通知维修调度安排人员检查各停电车站站内集水井水位情况、检查事故照明设备的运行情况,做好停电设备的安全防护,特别是蓄电池等设备的防护,严防蓄电池过度放电(停电超过 1h)而无法恢复。 (4) 检查 FAS、BAS、ISCS、屏蔽门系统的后备电源投入情况。 (5) 在恢复供电后,组织检查恢复相关机电设备
信调	(1) 确认跳闸情况及影响范围,根据情况发布应急信息、PIS。 (2) 向受影响的车站通报晚点信息。 (3) 跟进事件处理情况,向领导通报控制中心采取的应急措施。 (4) 恢复后,及时向相关部门发布运营恢复信息。 (5) 协助值班主任收集有关事件信息,填写运营日报并做好事件后续工作

续上表

岗 位	处 理 程 序
值班站长	(1)通知行值广播宣布执行一级大面积停电应急处理程序,担任事故处理主任并做好乘客安抚工作。 (2)有列车在区间疏散乘客时,指定由客运值班员负责组织指挥疏散车站乘客,带领一名人员穿好装备到区间现场引导乘客往车站疏散。 (3)协助有困难的乘客疏散,确认乘客疏散完毕和线路出清后,报告行车调度,关闭车站出入口。 (4)接到供电恢复的通知后,组织各岗位做好恢复运营的准备。 (5)接到行调恢复运营的通知后,组织撤除告示,开放出入口,确认车站投入正常运作
司机	(1)列车在运行中发现接触网无网压后,确认安全的前提下,尽可能保持列车惰行进站,立即向行调报告。 (2)区间停车司机接到行调大面积停电信息后,与行调确认疏散方向,广播安抚乘客,待车站人员到达后,做好广播疏散指引并配合车站组织乘客疏散。 (3)在站停车司机接到行调大面积停电信息后,按行调指令执行疏散程序;当车门与屏蔽门不能联动开启时,手动打开车门、屏蔽门。 (4)确认乘客疏散完毕后,司机做好列车防溜措施,关闭应急电源,并在车上待令。 (5)接触网恢复供电后,确认列车状态,按行调指令执行
维调	(1)接到事件通报后,组织安排各专业人员到现场检查设备的运行情况,并做好恢复供电准备。 (2)了解相关设备的后备电源投入和运行情况并通知控制中心。 (3)与控制中心保持联系,了解设备运行情况
车辆调度	(1)接到事件通报后,组织安排各专业人员到现场检查设备运行情况,切断设备电源,并做好恢复设备供电准备。 (2)相关设备需要投入使用时,应及时与维修调度联系,借用发电机。 (3)与控制中心保持联系,了解最新信息。
应急值班人员	(1)接控制中心通知后立即赶赴现场,担任现场副总指挥。 (2)现场总指挥未到现场前履行其相应职责。 (3)设立现场指挥组,张贴有关标志。 (4)划定现场管控区域(如有需要),按规定组织开展应急处置。 (5)抢险完成后,通知控制中心,请求恢复设备使用
抢险队长	(1)接控制中心通知后立即赶赴现场,担任抢险队长。 (2)召集相关抢险队员,确定抢修(抢险)方案。 (3)确定设备恢复正常后,填发《设备恢复证明》交现场总指挥

二级停电事件应急处理程序　　　　　　表 3-3

岗　位	处　理　程　序
值班主任	(1) 接电调报告后,启动二级大面积停电事件应急处理程序。 (2) 成立现场指挥组,通知应急值班人员、各功能组、抢险队赶赴现场处置。 (3) 指挥行调扣车,要求列车不得从有电区域闯入故障区域。 (4) 组织信息调度,使用公司信息平台发布故障信息,向主管领导通报故障信息。 (5) 如明确 10min 内不能恢复正常供电时,立即通知行调组织乘客疏散。 (6) 需要启动应急公交接驳预案时按有关规定提出申请。 (7) 组织信息调度通报公安公交分局,视情况通知 120。 (8) 在恢复一、二级负荷供电后,宣布解除应急状态
行调	(1) 立即向正线列车司机、全线车站、DCC、维修调度发布启动二级大面积停电应急处理程序的命令。 (2) 接值班主任的通报后,在相关区域扣车,避免列车从有电区域闯入故障区域。 (3) 要求有关车站组织关闭,只出不进。 (4) 按值班主任指令通知有关车站疏散乘客,组织被迫停在区间停车的列车落客(疏散)。 (5) 执行值班主任指令,通知车站启动应急公交接驳预案。 (6) 在解除应急状态后,组织恢复行车和客运服务
电调	(1) 把故障信息通报控制中心各调。 (2) 与地调联系,确认故障信息、故障原因,明确停电区域是否扩大,并断开主变的高、低压开关。配合地调进行运行方式的调整。 (3) 按照"先通后复,先通一路"的原则执行主所相互支援应急处理程序。 (4) 检查非停电主变电所范围内的混合牵引变电所的直流断路器是否出现跳闸并且出现线路测试被封锁的情况,若有则出动变电抢修,尽快在现场设备上复归该信号。 (5) 在恢复供电后,组织相关负荷供电。根据主变压器的负荷率情况通知环调投入三级负荷
环调	(1) 确认受影响的车站进入事故照明状态。 (2) 将停电的所有环控设备运行模式锁定为停机模式。 (3) 通知维修调度安排人员检查各停电车站站内集水井水位情况、检查事故照明设备的运行情况,做好停电设备的安全防护,特别是蓄电池等设备的防护,严防蓄电池过度放电(停电超过 1h)而无法恢复。 (4) 检查 FAS、BAS、ISCS、屏蔽门系统的后备电源投入情况。 (5) 在恢复供电后,组织检查恢复相关机电设备

续上表

岗 位	处 理 程 序
信调	(1)确认跳闸情况及影响范围,根据情况发布应急信息、PIS。 (2)向受影响的车站通报晚点信息。 (3)跟进事件处理情况,向领导通报控制中心采取的应急措施。 (4)恢复后,及时向相关部门发布运营恢复信息。 (5)协助值班主任收集有关事件信息,填写运营日报并做好事件后续工作
值班站长	(1)通知行值广播宣布执行二级大面积停电应急处理程序,担任事故处理主任并做好乘客安抚工作。 (2)检查升降电梯是否困人并按照相应的应急程序组织救援。 (3)检查应急电源的投入情况,按行调通知组织协助疏散车站内的乘客。 (4)接到供电恢复的通知后,组织各岗位做好恢复运营的准备。 (5)接到行调恢复运营的通知后,组织撤除告示,开放出入口,确认车站投入正常运作
司机	(1)发现接触网网压急剧下降或无压后,按接触网应急处理程序相关规定执行,并立即报告行车调度,接到行调二级大面积信息通报后,尽可能保持列车惰行进站。 (2)用广播安抚乘客不要慌乱,接触网恢复供电正在进行中。 (3)降弓后报告行调。 (4)接触网恢复供电后,确认列车状态,按行调指令执行
维调	(1)接到事件通报后,组织安排各专业人员到现场检查设备的运行情况,并做好恢复供电准备。 (2)了解相关设备的后备电源投入和运行情况并通知控制中心。 (3)与控制中心保持联系,了解设备运行情况。 (4)必要时,组织休班人员协助开展抢修工作
车辆调度	(1)接到事件通报后,组织安排各专业人员到现场检查设备运行情况,切断设备电源,并做好恢复设备供电准备。 (2)相关设备需要投入使用时,应及时与维修调度联系,借用发电机。 (3)与控制中心保持联系,了解最新信息
应急值班人员	(1)接控制中心通知后立即赶赴现场,担任现场副总指挥。 (2)现场总指挥未到现场前履行其相应职责。 (3)设立现场指挥组,张贴有关标志。 (4)划定现场管控区域(如有需要),按规定组织开展应急处置。 (5)抢险完成后,通知控制中心,请求恢复设备使用
抢险队长	(1)接控制中心通知后立即赶赴现场,担任抢险队长。 (2)召集相关抢险队员,确定抢修(抢险)方案。 (3)确定设备恢复正常后,填发《设备恢复证明》交现场总指挥

三级停电事件应急处理程序 表3-4

岗 位	处 理 程 序
值班主任	(1)接电调报告后,向电力调度员了解停电范围及救援方案。立即宣布启动三级大面积停电应急处理程序。 (2)成立现场指挥组,通知应急值班人员、各功能组、抢险队赶赴现场处置。 (3)下令关闭不可恢复供电的车站及疏散车站内的乘客。 (4)按规定程序通报,与公交分局、120联系准备援助。 (5)通知行调注意列车运行情况,必要时减少上线列车数量,降级运营。 (6)按相关规定信息通报。 (7)当供电恢复或已切换应急供电方式后,宣布解除应急状态
行调	(1)接值班主任通报后立即全呼全线列车,要求司机密切注意上线列车运行情况,进站遇车站照明不良时,加强瞭望。 (2)向全线车站、维修调度、车辆调度、在线列车司机发布故障信息,要求车站检查车站设备停用情况,做好乘客引导工作。 (3)执行值班主任指令,确定已停电区域内客车的停车位置,调整上线列车数量,进行降级运营。 (4)必要时,配合电调完成运行方式的调整以及越区供电;要求已停电的车站组织关闭,只出不进。 (5)在解除应急状态后,组织恢复行车和客运服务
电调	(1)把故障信息通报控制中心各调。 (2)检查停电范围是否包括混合牵引降压变电所,检查直流断路器以及对侧直流断路器的位置。 (3)出动变电抢修,指定变电值班员前往相应的变电所。 (4)已停电变电所属于不同主变电所都可以供电的,改变运行方式。 (5)通过越区供电优先恢复接触网供电。 (6)了解已停电变电所蓄电池运行情况,如果停电时间超过蓄电池供电时间,所内蓄电池的电压低于189V,下令退出蓄电池设备。 (7)在恢复供电后,组织恢复相关负荷供电
环调	(1)根据电调的要求卸载负荷。 (2)在实现越区供电前,确认受影响的车站进入事故照明状态。 (3)在实现供电方式改变时,检查全线设备的供电情况,检查恢复客运服务车站的照明及通风情况,保证最低限度的通风,一般照明运行节电模式。 (4)命令机电检修人员检查设备影响情况,重点检查FAS、BAS、ISCS、屏蔽门系统的后备电源投入情况。 (5)在恢复供电后,组织检查恢复相关机电设备
信调	(1)确认跳闸情况及影响范围,根据情况发布应急信息、PIS。 (2)向受影响的车站通报晚点信息。 (3)跟进事件处理情况,向领导通报控制中心采取的应急措施。 (4)恢复后,及时向相关部门发布运营恢复信息。 (5)协助值班主任收集有关事件信息,填写运营日报并做好事件后续工作

续上表

岗 位	处 理 程 序
值班站长	(1)通知行值广播宣布执行三级大面积停电应急处理程序,停电站的值班站长担任事故处理主任并做好乘客安抚工作。 (2)按行调通知组织列车清客及疏散。协助有困难的乘客疏散,确认乘客疏散完毕和线路出清后,报告行车调度,关闭车站出入口。 (3)接到供电恢复的通知后,组织各岗位做好恢复运营的准备。 (4)接到行调恢复运营的通知后,组织撤除告示,开放出入口,确认车站投入正常运作
司机	(1)发现接触网网压急剧下降或无压后,按接触网应急处理程序相关规定执行,并立即报告行车调度,接到行调三级大面积信息通报后,尽可能保持列车惰行进站。 (2)用广播安抚乘客不要慌乱,接触网恢复供电正在进行中。 (3)司机接到行调不停站通过停电车站命令后,按行调指示执行,并做好乘客广播。 (4)列车进站过程中及停于站台的列车出现车站停电,司机按正常站台作业程序执行,并做好乘客广播;动车前联系行调,根据行调指示执行
维修调度	(1)接到事件通报后,组织安排各专业人员到现场检查设备的运行情况,并做好恢复供电准备。 (2)了解相关设备的后备电源投入和运行情况并通知控制中心。 (3)与控制中心保持联系,了解设备运行情况。 (4)必要时,组织休班人员协助开展抢修工作
车辆调度	(1)接到事件通报后,组织安排各专业人员到现场检查设备运行情况,切断设备电源,并做好恢复设备供电准备。 (2)相关设备需要投入使用时,应及时与维修调度联系,借用发电机。 (3)与控制中心保持联系,了解最新信息
应急值班人员	(1)接控制中心通知后立即赶赴现场,担任现场副总指挥。 (2)现场总指挥未到现场前履行其相应职责。 (3)设立现场指挥组,张贴有关标志。 (4)划定现场管控区域(如有需要),按规定组织开展应急处置。 (5)抢险完成后,通知控制中心,请求恢复设备使用
抢险队长	(1)接控制中心通知后立即赶赴现场,担任抢险队长。 (2)召集相关抢险队员,确定抢修(抢险)方案。 (3)确定设备恢复正常后,填发《设备恢复证明》交现场总指挥

车站大面积停电时各岗位职责　　　　　表 3-5

岗　　位	工　作　流　程
行车值班员	(1) 汇报行调,通知值班站长及车站工作人员、公安; (2) 向行调了解停电的原因和恢复时间; (3) 接到行调发布大面积停电、列车停运、车站关闭的命令后,立即通知值班站长; (4) 广播宣传执行大面积停电应急处理相关程序,反复广播指引乘客疏散; (5) 确认站内乘客疏散完毕后报行调; (6) 接到恢复供电的通知后,通知各岗位做好恢复运营的准备; (7) 检查车控室设备情况,向行调汇报车站运行准备工作,并向行调了解列车运行恢复情况,报告值班站长
值班站长	(1) 确认大面积停电信息后,担任事故处理主任; (2) 通知行车值班员广播宣布执行大面积停电应急处理程序; (3) 到站台指挥疏散,确定站台乘客疏散完毕之后到站厅确定疏散情况; (4) 确定全站乘客疏散完毕后报告车控室; (5) 组织关闭各出入口,安排员工检查电梯是否困人,做好车站巡视; (6) 到车控室收集各岗位处理情况,做好停运安排; (7) 接到供电恢复通知后,指挥车站员工做好恢复运营的准备; (8) 接到恢复运营的通知后,确认车站投入正常运作
客运值班员	(1) 收到大面积停电应急处理程序的执行通知后,带应急灯到展厅疏散乘客出站; (2) 确认疏散完毕后,汇报车控室; (3) 组织厅巡到出入口张贴停止服务的通知,关闭出入口; (4) 与车控室保持联系,负责巡视出入口并做好解释; (5) 收到恢复供电的通知后,检查相关设备和各种服务设施是否正常,并汇报车控室; (6) 接到恢复运营的通知后,组织撤出停运通知,打开出入口
售票员	(1) 收到大面积停电应急处理程序的执行通知后,收好票款和车票,锁好票亭门; (2) 打开闸机门和边门,用手提广播引导乘客疏散; (3) 车站乘客疏散完毕后,负责巡视站厅; (4) 收到恢复供电的通知后,回到票亭,检查票亭内设备情况,做好恢复运营的准备,并报车控室准备情况; (5) 接到恢复运营的通知后,恢复运营

续上表

岗　　位	工　作　流　程
厅巡岗	（1）收到大面积停电应急处理程序的执行通知后,打开闸机门和边门; （2）用手提广播引导乘客疏散; （3）确认车站乘客疏散完毕后,协助客运值班员关闭各出入口,并张贴停止服务的告示; （4）与车控室保持联系,负责巡视出入口并做好解释; （5）收到恢复供电的通知后,检查相关设备和各种服务设施是否正常,并报车控室; （6）接到恢复运营的通知后,组织撤出停运通知,打开出入口
站台岗	（1）收到大面积停电应急处理程序的执行通知后,立即疏散站台乘客出站; （2）确认疏散完毕后,报车控室,到站厅协助疏散; （3）车站乘客疏散完毕后,与车控室保持联系,负责巡视站台; （4）收到恢复供电的通知后,检查站台扶梯、屏蔽门等设备设施情况和线路情况,报车控室; （5）接到恢复运营的通知后,恢复正常运作

四　城市轨道交通大面积停电应急处理各岗位职责

1.控制中心

（1）根据停电情况负责应急预案的启动和结束,组织开展应急处理工作。

（2）负责通知分公司领导或经理、应急值班人员前往现场,担任现场总指挥、现场副总指挥,组织指挥现场抢险人员进行应急处理。

（3）根据情况通知维修调度、车厂调度、车辆调度。

（4）负责信息的发布。

（5）负责供电运行方式的调整、与供电局调度沟通协调并组织送电。

2.行车调度员岗位职责

（1）大面积停电事故发生后,行车调度员应立即制订行车调整方案,并报值班主任批准。

（2）在制订调整方案时,要综合考虑停电范围、行车间隔、线路情况、车辆状况等不同因素,做出最适合当前情况的行车安排。

3.车站各岗位工作人员岗位职责

车站各岗位工作人员应加强检查紧急照明的启动情况,巡查各部位是否有人被困,根据中心命令清站和闭站,见表3-5。

4.司机岗位职责

（1）列车司机尽可能保持列车惰行进站停车,并向行调汇报。

（2）如果列车在区间停车,必须立即报告行调,由行调通知相关车站进行支援。

（3）按照行调及车厂调度指示,降弓待令。

5. 车厂调度岗位职责

(1) 接受控制中心的指挥,组织执行应急处理程序。
(2) 负责指挥库内列车(检修车)降弓并使列车进入休眠状态。
(3) 车辆段发生大面积停电时,组织做好工程车救援相关准备。

▷ 任 务 实 施 ◁

掌握车站大面积停电应急处理

1. 任务组织

课前确定学习小组,每组4~6人,前往当地城市轨道交通地铁站参观学习;通过查找资料,搜集有关车站大面积停电的案例,分析车站大面积停电的应急处理过程,并做成PPT课件,进行课堂汇报。

2. 学习资源与学习设备准备

学习资源:车站大面积停电应急处理的案例、视频、图片(例如鱼骨图、动图、流程图等)。

学习设备:手机或电脑等。

3. 明确任务

以小组为单位,讨论车站大面积停电的应急处理程序及流程图。

4. 拓展提高

车站大面积停电应急处理程序案例中涉及的课堂遗留问题。

5. 小组任务效果评价表(表3-6)

任务效果评价表　　　　　　　　　　　　　表3-6

任务指标	评分要求	分值	得分
1. 车站大面积停电应急处理的具体案例	根据是否有车站大面积停电应急处理的案例,以及案例是否具有典型性进行评分	20	
2. 车站大面积停电应急处理一般应急处理程序的条理清晰度	根据车站大面积停电应急处理一般应急处理程序的条理清晰度进行评分	10	
3. 车站大面积停电应急处理的一般处理程序的步骤是否完整	根据车站大面积停电应急处理一般处理程序的完整程度进行评分	10	
4. 车站大面积停电应急处理的一般处理程序是否符合逻辑性	根据车站大面积停电应急处理一般处理程序是否符合逻辑性进行评分	10	

续上表

任务指标	评分要求	分值	得分
5.根据车站大面积停电应急处理的一般处理程序,画出流程图	根据PPT里是否有流程图,以及流程图的完整性进行评分	20	
汇报效果评价	(1)礼仪规范及语言表达	10	
	(2)准备	10	
	(3)演讲掌控	10	
分项得分	自我评分( ) 小组评分( ) 教师评分( )		
总分	总分=自我评分( )×30%+小组评分( )×40%+教师评分( )×30%		

综合演练

车站大面积停电应急处理

一、演练目的

(1)检查对车站大面积停电应急处理程序的掌握情况。
(2)检查各岗位对自己职责掌握的熟练程度。
(3)检查岗位之间信息沟通是否顺畅。
(4)根据演练流程完成演练评估报告。

二、人员安排

(1)岗位人员:值班站长1名,行车值班员1名,客运值班员1名,站务员3名(站台、票亭、厅巡),相关工作人员1名(可以由一人或多人扮演行调、维修专业人员等,负责接收相关信息)。

(2)观察人员:建议每个角色均有一名观察人员,记录岗位扮演人员的关键步骤和关键动作,以便演练完成后进行总结。

三、物资准备

扩音器、告示牌、应急灯。

四、情境假设

某日9:00,A站发生全站停电,车站光照严重不足,对车站设备设施影响较大。

车站突发性大面积停电处理原则

 思考

车站突发性的大面积停电对车站设备设施影响较大,是否要疏散乘客?

五、演练流程

(1) 9:00，A站发生全站停电，车站照明严重不足，对车站设备设施影响较大，行车值班员马上报告值班站长、行调。

(2) 9:01，在接到行调宣布执行车站大面积停电应急处理程序后，值班站长根据行调通知下达车站疏散命令。

> 思考
>
> 执行车站大面积停电应急处理程序的关键点在哪里？

车站大面积停电应急处理关键点

[提示] 车站大面积停电应急处理时各个岗位行动指引见表3-7。

车站大面积停电应急处理时各个岗位行动指引　　表3-7

岗　位	行　动　指　引
站台岗 （站务员）	1. 收到执行大面积停电应急处理程序的通知后，立即疏散站台乘客出站； 2. 确认站台乘客疏散完毕后，报车控室，到站厅协助疏散； 3. 完成疏散、检查垂直电梯是否困人后，与车控室保持联系，负责巡视站台； 4. 接到恢复供电的通知后，检查站台扶梯、屏蔽门等设备设施情况和线路情况，报车控室； 5. 接到恢复运营的通知后，恢复正常运作
票亭岗 （站务员）	1. 收到执行大面积停电应急疏散处理程序的通知后，收好票款和车票，锁好票亭门，打开闸机门和边门； 2. 带应急灯（或手电筒）在楼梯、扶梯或光线不足等关键处引导疏散乘客出站； 3. 确认站内乘客疏散完毕后，协助客运值班员关闭各出入口，并张贴停止服务的告示； 4. 与车控室保持联系，负责巡视各出入口并做好解释； 5. 收到恢复供电的通知后，检查AFC设备、各种服务设备设施是否正常，关闭边门，并报车控室； 6. 接到恢复运营的通知后，撤除停止服务的告示，开放出入口，引导乘客进站
厅巡岗 （站务员）	1. 收到执行大面积停电应急处理程序的通知后，立即疏散站厅乘客，确认站厅乘客疏散完后，报车控室； 2. 完成疏散、检查垂直电梯是否困人后，与车控室保持联系，负责巡视站厅； 3. 接到恢复供电的通知后，检查站厅、出入口扶梯、照明等设备设施情况报车控室； 4. 接到恢复运营的通知后，恢复正常运作

续上表

岗 位	行 动 指 引
客运值班员	1. 收到执行大面积停电应急处理程序的通知后,赶到车控室,协助行车值班员; 2. 带应急灯(或手电筒)到站台指挥疏散,站台疏散乘客完毕后向值班站长汇报; 3. 若值班站长到区间组织列车疏散,则负责指挥车站疏散工作 4. 与车控室保持联系,负责组织关闭出入口并做好解释工作; 5. 收到恢复供电的通知后,检查 AFC 设备、各种服务设备设施是否正常,并报车控室; 6. 接到恢复运营的通知后,组织撤除告示,开放出入口
行车值班员	1. 接到行调发布执行大面积停电应急处理程序命令时,立即通知值班站长、车站工作人员、公安; 2. 向行调了解停电的原因及恢复时间; 3. 确定疏散时广播宣布执行大面积停电疏散应急处理程序,反复广播指引乘客疏散; 4. 接行调通知需进行列车隧道疏散时,通知值班站长; 5. 确认站内乘客疏散完后报行调; 6. 接到恢复供电的通知后,通知各岗位做好恢复运营的准备; 7. 检查车控室设备情况,向行调报车站运营准备工作,并向行调了解列车运行恢复情况,报值班站长
值班站长	1. 接到行车值班员启动大面积停电应急处理程序的通知后,了解停电的原因及恢复时间,根据行调通知下达车站疏散命令; 2. 确定需疏散后,组织疏散车站内乘客; 3. 若列车在区间隧道疏散乘客时,指定由客运值班员负责组织指挥疏散车站乘客,带领一名车站人员穿好装备到区间现场引导乘客往车站疏散; 4. 检查升降电梯是否困人并按照相应的应急程序组织救援; 5. 协助有困难的乘客疏散,确认乘客疏散完毕和线路出清后,报告行车值班员,关闭车站出入口; 6. 接到供电恢复通知后,组织各岗位做好恢复运营的准备; 7. 接到行调恢复运营的通知后,组织撤除告示,开放出入口,确认车站无异常情况后,投入正常运作

当供电恢复正常后,车站应做好哪些准备工作才能恢复正常运营?

(3)9:40分,供电恢复正常,经维修专业人员确认地铁设备恢复正常,具备行车条件,值站组织各岗位检查各种行车、服务设备设施并确认正常,撤除停止服务的告示,行调组织全线各次列车恢复正常运行,通知各岗位车站恢复正常运营。

六、演练总结与评估

演练结束后,相关工作人员应组织总结会,总结会具体包括以下内容:

(1)岗位人员发言,总结演练过程中好的做法和问题;

(2)观察员阐述观察情况,并对观察岗位进行点评;

(3)根据总结情况,形成演练评估报告,确定小组演练成绩。

七、演练评估报告

演练项目:车站大面积停电应急处理演练			
演练形式		演练总指挥	
演练时间		演练地点	
[演练背景]某日9:00左右,A站发生全站停电,车站光照严重不足,对车站设备设施影响较大			
演练过程记录			
序号	时间	过程描述	存在的问题
1		A站发生全站停电,车站光照严重不足,对车站设备设施影响较大,行车值班员马上报告值班站长、行调	
2		在接到行调宣布执行车站大面积停电应急处理程序后,值班站长根据行调通知下达车站疏散命令	
3		站台岗(站务员):	
4		票亭岗(站务员):	
5		厅巡岗(站务员):	
6		行车值班员:	
7		客运值班员:	
8		值班站长:	
9		供电恢复正常,经维修专业人员确认地铁设备恢复正常,具备行车条件,值站组织各岗位检查各种行车、服务设备设施并确认正常,撤除停止服务的告示,行调组织全线各次列车恢复正常运行,通知各岗位车站恢复正常运营	
10		演练负责人确认各环节执行完毕,宣布演练结束	

续上表

演练总结				
好的方面：				
不足方面：				
演练总体评价	□优秀	□良好	□合格	□不合格
参演人员签名：				

练习与思考

一、单选题

1. 所有城市轨道交通供电系统主变电所停电，导致城市轨道交通被迫停运的事件是（　　）。
   A. 一级停电事件　　B. 二级停电事件　　C. 三级停电事件　　D. 四级停电事件
2. 以下哪个地铁公司是集中式供电？（　　）
   A. 广州地铁　　　　B. 北京地铁　　　　C. 大连轻轨　　　　D. 沈阳地铁
3. 中断供电造成的后果十分严重的重要负荷，称为（　　）。
   A. 一级负荷　　　　B. 二级负荷　　　　C. 三级负荷　　　　D. 四级负荷
4. 根据造成后果的严重程度，城市轨道交通供电系统的符合等级，由重到轻主要分为（　　）。
   A. 一级负荷、二级负荷、三级负荷
   B. 三级负荷、二级负荷、一级负荷
   C. 二级负荷、三级负荷、一级负荷
   D. 一级负荷、三级负荷、二级负荷
5. 车站出现大面积停电时，组织车站人员疏散乘客（　　），确认乘客疏散完毕后报行调并关闭出入口（需安排人员在现场进行人工广播）。
   A. 从下至上　　　　B. 从上至下　　　　C. 由内而外　　　　D. 由外至内

二、多选题

1. 车站大面积停电的影响主要包括（　　）。
   A. 可能造成临线或者全线网运营中断，给乘客出行带来不便甚至客流拥堵，给整个城市公共交通带来了压力

B. 疏散过程中客流激增,造成乘客恐慌,可能会造成踩踏、挤压等事故

C. 城市轨道交通的公众形象受影响

D. 车站供电中断,可能造成通信、信号、机电等系统无法正常控制,造成事故和灾害

2. 根据影响的严重程度,车站大面积停电的分级主要有(　　)。

　　A. 一级停电事件　　　B. 二级停电事件　　　C. 三级停电事件　　　D. 四级停电事件

3. 城市电网对城市轨道交通的供电方式有(　　)。

　　A. 集中性　　　　　B. 分散性供电　　　　C. 混合式供电　　　　D. 独立供电

4. 下列选项中,属于车站大面积停电的处理原则的有(　　)。

　　A. 贯彻"预防为主、防救结合"的原则

　　B. 贯彻"统一指挥、分工合作"的原则

　　C. 贯彻"先通后复"的原则

　　D. 贯彻"先全面、后局部"的原则

三、简答题

1. 简述车站大面积停电的原因。
2. 简述一级停电事件的含义。
3. 车站大面积停电处理原则有哪些?
4. 简述车站大面积停电的应急处理流程。

项目四

突发治安事件应急处理

1. 能够运用治安事件的定义判定是否是治安事件。
2. 能够理解突发事件造成的影响以及判定突发治安事件的类型。
3. 能够正确报告城市轨道交通突发治安事件的具体信息及程序。
4. 能够正确辨识可疑人物。
5. 遇到突发事件时能够立即明确各场所现场临时负责人。
6. 能够运用城市轨道交通突发治安事件应急处理流程正确处理城市轨道交通突发治安事件。

案例导学

【案例经过】

2019年8月9日,南宁市新民路地铁站内发生一起持刀劫持人质恶性案件,南宁市公安局特警支队民警成功将嫌疑人一枪击毙。一名18岁男子突然在地铁站安检线外的自动售票区持刀劫持一名年轻女子,嫌疑人紧靠在墙角,情绪激动,左手环抱人质,右手持刀,刀刃紧贴人质左侧颈部动脉,多次扬言要伤害人质,情况十分危急。

17时至19时,为分散嫌疑人注意力,尽可能减少人员伤亡,民警谈判手对嫌疑人进行了反复劝说,但持刀男子拒不配合,反而提出警方必须给他提供枪支等无理要求。

19时许,犯罪嫌疑人情绪越来越激动起来,扬言要杀死人质,正当嫌疑人突然举刀企图对人质实施伤害的千钧一发时刻,民警果断扣动扳机开枪,1枪命中目标,嫌疑人身体瞬间倒向墙角边地板上,手持的刀也掉在地上,人质则毫发无损,安全获救。至此,南宁警方成功处置了这起地铁劫持人质案件。

【处理措施】

南宁轨道交通地铁站工作人员发现情况后,第一时间拨打110报警,并把现场情况告诉公安人员。同时疏散周边乘客,避免周边乘客受伤,也为公安机关处理事件空出场地。站内人员利用站内设施设备对几个关键的出入口进行临时封闭。在公安机关到站前,积极与歹徒沟通,为他们拖延时间。等到公安机关到站后协助执法部门依法处理。事件结束后,地铁员工积极配合公安机关调查,在网上发布有关信息。

当天下午18时18分,南宁轨道交通发布运营快报,内容如下:"新民路 A、B1、B2 出入口因故已关闭,C 出入口只出不进,请有需要乘坐地铁的乘客移步至民族广场站、朝阳广场站,或改乘其他交通工具出行。新民路站出入口开放时间将另行通知。为此给各位乘客带来的不便,敬请谅解!"如图4-1所示。

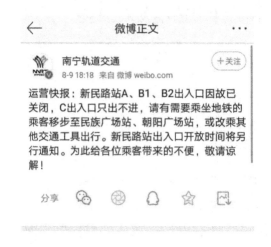

图4-1　南宁轨道交通发布运营快报

【案例提示】

城市轨道交通系统的地铁列车是在封闭状态下运营的大型载客交通工具,因设备故障、技术行为、人为破坏、不可抗力等原因,均可能会发生突发事故。劫持人质事件一旦发生,不仅危及人质生命安全,而且会在社会上造成难以消除的恐怖气氛,严重影响社会的治安稳定。发生突发治安事件时,如何冷静应对,正确处理是关键问题。掌握必要的突发治安事件应急处理技能,维护地铁站长治久安是城市轨道交通的工作人员的职责。

任务一　突发治安事件基础知识

一　治安事件的定义

治安事件是指群体或个人为了满足特殊需要或者达到特殊目的,利用或选择适宜的场所、时机和环境,通过实施违法犯罪或采取不正当手段,导致或促使事态加剧、扩大,从而扰乱、破坏社会治安秩序的行为。

二　突发治安事件造成的影响

发生治安事件,可能造成人员受伤并影响车站正常的运营,可能导致事态加剧、扩大,引起人员的重大伤亡和财产的重大损失;造成乘客的恐慌心理,影响居民对城市轨道交通安全保障能力的信任度。

群体性治安事件参与人数较多,造成的人员伤亡和财力损失重大,社会影响范围广,在地铁站相对封闭的环境中,难以在短时间内进行有效的管制和疏导。

项目四 突发治安事件应急处理

三 突发治安事件类型

城市轨道交通车站常见的治安事件有劫持人质、抢劫票款、围堵办公场所等车站群体事件及车站发生打架斗殴等治安事件。

（1）抢劫人质是指勒索财物或为了其他目的，使用暴力、胁迫或者其他方法，绑架他人或挟持他人作为人质的行为，属于绑架罪。

（2）抢劫票款是以非法占有为目的，对财物的所有人、保管人使用暴力、胁迫或其他方法，强行将公私财物抢走的行为，属于抢劫罪。

（3）围堵办公场所等群体性事件，是指公众为了满足自身的利益需求，通过非法聚集、围堵等方式表达意愿，严重扰乱社会秩序，危害公共安全，侵犯公民人身安全和公私财产安全的集群行为。

（4）车站打架斗殴，构成犯罪的，如何量刑需要根据犯罪的性质手段等来定，例如《中华人民共和国刑法》中规定：故意伤害他人身体的，处三年以下有期徒刑、拘役或者管制。致人重伤的，处三年以上十年以下有期徒刑；致人死亡或者以特别残忍手段致人重伤造成严重残疾的，处十年以上有期徒刑、无期徒刑或者死刑。

四 可疑人物的辨识与车站防盗抢注意事项

1. 可疑人员的辨识

（1）符合警方通报特征的人物。
（2）乘客反映的可疑人物。
（3）行为诡异，遇见工作人员即躲避或离开的乘客。
（4）携带违禁物品的人员等。
（5）在车站逗留时间较长或多次到同一地点观察，且有异常表现的乘客。

2. 车站防盗抢注意事项

（1）从售票问讯处回收交易现金时，须安排保安员陪护。
（2）临时售票点须安排保安员值守。
（3）站内配送车票、零钞时，须控制数量，双人作业。
（4）利用地铁运送车票、零钞时，须装箱封闭后，方可进行。
（5）车站票务室、售票问讯处门须保持可靠锁闭，售票问讯处内的现金不得摆放在桌面上。

五 城市轨道交通突发治安事件应急机制

1. 应急处置单位应急工作职责（表4-1）

城市轨道交通各应急处置单位应急工作职责　　表4-1

应急处置单位	工作职责
客运分公司	（1）负责信息汇报、报警等现场处置工作； （2）协助公安进行现场取证

续上表

应急处置单位	工作职责
调度中心	(1)及时发布事件信息; (2)根据现场情况,进行列车调整; (3)负责外部支援协调工作
票务中心	(1)统计收益损失情况,及时对事发车站给予备用金、车票增补; (2)对损坏的AFC设备,及时修复、更换;并统计相关受损的AFC设备资产损失

2. 发生突发状况时各场所现场临时负责人

突发事件发生时,若无法做到统一指挥,会造成应急处理单位部门或个人无法齐心处理,甚至耽误突发事件的正确及时处理。这时谁来承担应急处理的职责,谁来统一指挥(应急处理时,主要有集中指挥、现场指挥、场外指挥、场内指挥等形式,无论采用哪种指挥形式,都必须服从于统一指挥)就显得格外关键。只有服从统一组织协调,才能使各个参与单位部门既充分发挥自己的作用,又能相互配合,提高整体效用。

突发事件发生时,在上一级应急处理负责人到达现场前,员工按规定(表4-2)担任现场临时负责人;在上一级应急处理人到达现场后,则由上一级应急处理负责人担任现场指挥。

发生突发状况时各场所现场临时负责人表　　　　　　　　　表4-2

序号	突发事件发生地点	现场临时负责人
1	车站	当班值班站长
2	主所	值班人员(变电检修工)
3	区间	行调指定的值班站长
4	区间列车上	列车司机
5	停站列车上	所在车站当班值班站长
6	车辆段行车区域	车厂调度
7	车辆段非行车区域	属地管理部门
8	其他场所	现场职务最高的员工

现场临时负责人的职责如下:

(1)事故处理主任及时将现场信息报告OCC,根据OCC指令及时组织现场抢险人员进行抢险工作。

(2)视情况组织进行乘客疏散及人员抢救工作。

(3)事故处理主任在组织前期处置时,现场的分公司员工应按其要求提供协助,各调度间需紧密配合,协同处置。

3. 城市轨道交通突发治安事件信息报告内容及流程

(1)信息报告的内容

①事件发生的时间(时、分)。

②事件发生的地点(站台、站厅等)。

③事件状况、车站设备损坏情况及影响范围。
④人员伤亡情况。
⑤已采取的行动和请求救援事项。

(2)信息报告流程

车站(包括站停列车)发生治安事件时,车站相关人员立即报控制中心和驻站民警。信息汇报流程如图4-2所示。

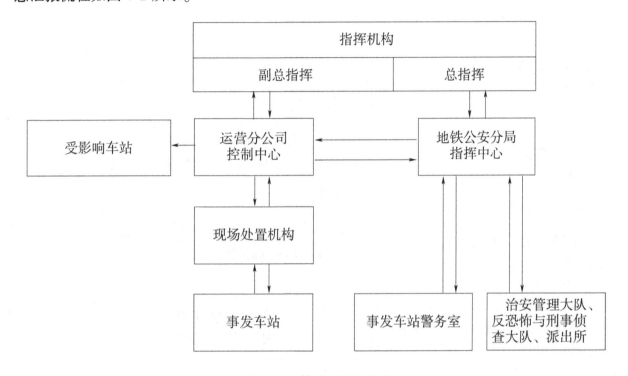

图4-2 信息汇报流程

任 务 实 施

了解突发治安事件应急处理

1. 任务组织

课前确定学习小组,每组4~6人前往当地城市轨道交通地铁站参观学习;通过查找资料,搜集有关城市轨道交通突发治安事件的案例,分析突发治安事件的原因,并做成PPT课件,进行课堂汇报。

2. 学习资源与学习设备准备

学习资源:城市轨道交通突发治安事件的案例、视频、图片(例如鱼骨图、动图、流程图等)。

学习设备:手机或电脑等。

3. 明确任务

以小组为单位,讨论城市轨道交通突发治安事件的成因、特点、危害及一般应急处理程序。

4. 拓展提高

城市轨道交通突发治安事件案例中涉及的课堂遗留问题。

5. 小组任务效果评价表(表4-3)

任务效果评价表　　　　　　　　　　表4-3

任务指标	评分要求	分值	得分
1.城市轨道交通突发治安事件基础知识掌握	根据掌握城市轨道交通突发治安事件基础知识的情况,进行评分	20	
2.城市轨道交通突发治安事件案例典型性	根据是否有城市轨道交通突发治安事件案例,以及案例是否具有典型性进行评分	10	
3.城市轨道交通突发治安事件的成因	根据是否有突发治安事件案例的成因,以及成因是否有说服力进行评分	10	
4.城市轨道交通突发治安事件的特点	根据是否有突发治安事件案例的特点,以及特点是否有概括性进行评分	10	
5.城市轨道交通突发治安事件的应急处理流程	根据是否有突发治安事件的应急处理流程,以及流程分析思路是否清晰进行评分	20	
汇报效果评价	(1)礼仪规范及语言表达	10	
	(2)准备	10	
	(3)演讲掌控	10	
分项得分	自我评分(　　) 小组评分(　　) 教师评分(　　)		
总分	总分 = 自我评分(　　)×30% + 小组评分(　　)×40% + 教师评分(　　)×30%		

任务二　突发治安事件应急处理

一　城市轨道交通突发治安事件应急处理程序

城市轨道交通突发治安事件主要包括车站突发治安事件和列车突发治安事件两种。本任务中的城市轨道交通突发治安事件应急处理主要从车站突发治安事件应急处理和列车突发治安事件应急处理两个方面来介绍。

1. 车站突发治安事件应急处理行动指引

车站突发治安事件应急处理行动指引见表4-4。

车站突发治安事件应急处理行动指引　　　表4-4

岗　位	行　动　指　引
司机	(1) 按行调命令行车； (2) 及时播放列车广播
现场员工	(1) 现场有乘客打架、聚众闹事等治安事件时，立即报告车控室； (2) 在保证自身安全的前提下，做好劝阻工作； (3) 做好客流疏导，避免乘客围观； (4) 挽留2名及以上目击证人； (5) 公安人员到达后将事件交公安人员处理
行车值班员	(1) 接现场人员报车站发生乘客打架、聚众闹事等治安事件，立即通知值班站长、客运值班员、保安到现场处理，及时将该情况通报给110； (2) 使用CCTV观察现场动态情况，将现场情况报OCC； (3) 根据现场情况报120
值班站长	(1) 接报车站发生乘客打架、聚众闹事等治安事件后，立即赶到现场； (2) 确认现场发生治安事件后立即要求车控室报110； (3) 在确保人身安全前提下劝阻当事乘客； (4) 组织人员做好客流疏导，避免乘客围观； (5) 公安人员到达现场处理后，协助其处理； (6) 了解人员伤亡情况，必要时报120处理；把参与肇事者和目击证人交由公安人员处理； (7) 配合公安人员调查取证，做好善后工作； (8) 发生突发治安事件严重影响车站运作或对乘客安全构成威胁时，可报站长同意后关闭车站，暂停对外服务，启动《车站疏散应急处理程序》
客运值班员	(1) 到现场协助值班站长处理； (2) 对现场围观人员进行疏散； (3) 判断是否有乘客受伤，寻找2名及以上目击证人； (4) 将目击证人交由公安人员处理，留下证明资料等
票亭岗	按值班站长指示办理
厅巡岗	(1) 接值班站长宣布执行《车站发生突发治安事件应急处理程序》，立即赶到现场，疏散乘客； (2) 听从值班站长安排

续上表

岗 位	行 动 指 引
安保员	(1)收到通知现场有乘客打架、聚众闹事等治安事件时,立即赶往现场协助处理; (2)在保证自身安全的前提下,做好劝阻工作; (3)公安人员到达后将事件交由公安人员处理,做好配合
安检员	(1)做好客流疏导,避免乘客围观,维持车站正常秩序,防止踩踏,避免造成乘客受伤; (2)接到关闭车站命令后在出入口拦截乘客进站,做好乘客解释工作; (3)听从值班站长安排
保洁	(1)接到关闭车站命令后,值守各出入口,引导乘客出站和阻止无关人员进站,摆放暂停服务告示; (2)听从值班站长安排,事件处理完毕后清理现场,按值班站长指示协助恢复正常运营

注:在发生治安事件时员工要保护好自身安全,防止被乘客误打。

2.列车突发治安事件应急处理行动指引

列车突发治安事件应急处理行动指引见表4-5。

列车突发治安事件应急处理行动指引　　　　表4-5

岗 位	行 动 指 引
司机	(1)按行调命令行车; (2)及时播放列车广播
现场员工	(1)现场有乘客打架、聚众闹事等治安事件时,立即报告车控室; (2)在保证自身安全的前提下,做好劝阻工作; (3)做好客流疏导,避免乘客围观; (4)挽留2名及以上目击证人; (5)公安人员到达后将事件交由公安人员处理
行车值班员	(1)接现场人员报车站发生乘客打架、聚众闹事等治安事件,立即通知值班站长、客运值班员、保安到现场处理,及时将该情况通报给110; (2)使用CCTV观察现场动态情况,将现场情况报OCC; (3)根据现场情况报120
值班站长	(1)接报车站发生乘客打架、聚众闹事等治安事件后,立即赶到现场; (2)确认现场发生治安事件后立即要求车控室报110; (3)在确保人身安全的前提下劝阻当事乘客; (4)组织人员做好客流疏导,避免乘客围观; (5)公安人员到达现场后,协助其处理;

续上表

岗 位	行 动 指 引
值班站长	(6)了解人员伤亡情况,必要时报120处理;把参与肇事者和目击证人交由公安人员处理; (7)配合公安人员调查取证,做好善后工作; (8)发生突发治安事件严重影响车站运作或对乘客安全构成威胁时,可报站长同意后关闭车站,暂停对外服务,启动《车站疏散应急处理程序》
客运值班员	(1)到现场协助值班站长处理; (2)对现场围观人员进行疏散; (3)判断是否有乘客受伤,寻找2名及以上目击证人; (4)将目击证人交由公安人员处理,留下证明资料等
票亭岗	按值班站长指示办理
厅巡岗	(1)接值班站长宣布执行《车站发生突发治安事件应急处理程序》,立即赶到现场,疏散乘客; (2)听从值班站长安排
安保员	(1)收到通知现场有乘客打架、聚众闹事等治安事件时,立即赶往现场协助处理; (2)在保证自身安全的前提下,做好劝阻工作; (3)公安人员到达后将事件交由公安人员处理,做好配合工作
安检员	(1)做好客流疏导,避免乘客围观,维持车站正常秩序,防止踩踏事故发生,避免造成乘客受伤; (2)接到关闭车站命令后在出入口拦截乘客进站,做好乘客的解释工作; (3)听从值班站长安排
保洁	(1)接到关闭车站命令后,值守各出入口,引导乘客出站和阻止无关人员进站,摆放暂停服务告示; (2)听从值班站长安排,事件处理完毕后清理现场,按值班站长指示协助恢复正常运营

二 城市轨道交通突发治安事件各类型应急处理程序

城市轨道交通车站可能发生的治安事件有劫持人质、抢劫票款、围堵办公场所等车站群体事件、车站发生打架斗殴等治安事件。分析突发治安事件的应急处理过程,以110、120等人员进入事发地点进行救援时间点划分前后,主要分为先期处置和应急处置两个过程。

1. 列车或车站发生劫持人质事件

列车或车站发生劫持人质事件应急处理程序见表4-6。

(1)先期处置

①第一发现人应第一时间通知值班站长或其他车站工作人员。车站报110和OCC并

通知驻站民警,OCC按照信息报告流程进行报告并启动相应应急预案。

列车或车站发生劫持人质应急处理程序　　　　　　　　表4-6

岗　　位	处　理　程　序
行车值班员	(1)立即报告行调、地铁公安,站长、上级部门,值班站长,简要说明歹徒和被劫持者双方的人数、性别、凶器和初步了解劫持原因等。 (2)向行调申请暂停本站的运营服务。 (3)通知各岗位,执行紧急疏散计划,拦截乘客进站,在IBP盘上将闸机设为紧急模式。 (4)通过CCTV监控现场情况;发生人员伤亡时,及时报120。 (5)将通往车控室的房门反锁。 (6)配合公安处理
值班站长	(1)马上到现场指挥处理,稳定歹徒和被劫者的情绪,避免刺激的行为。 (2)组织疏散乘客,尽量将歹徒稳定在固定位置(最好是一角落),防止其进入设备区。 (3)公安人员到场后,交公安处理,按公安的要求进行配合。 (4)处理过程中注意员工人身安全和车站财产安全
客运值班员	值班站长被劫持时,负责值班站长的应急处理工作;值班站长没有被劫持时,和值班站长到现场处理
站台岗	(1)将乘客从远离现场的通道向站外进行疏散。 (2)在站台立岗,并加强巡视,确保所有乘客疏散出站台。 (3)当发现司机被劫持时,立即报告行车值班员
厅巡、票亭岗	(1)票亭岗:停止票亭服务,收好票款,锁好票亭。 (2)打开边门、闸机,疏散乘客。 (3)关闭除紧急出口B口外的其他出入口,并张贴相应的告示。 (4)厅巡岗:在紧急出口外引导公安等人员到现场。 (5)票亭岗:拦截乘客进站。 (6)必须有一人在紧急出口外B口拦截非相关处理人员进站并做好解释工作

注:1.及时确认通往设备区的通道门处于锁闭状态,防止歹徒进入设备区。

2.当车站员工被劫持时,被劫持员工要尽量保持冷静,不要采取刺激歹徒的行为,尽量稳定歹徒的情绪,及时把握有利时机安全逃脱歹徒的劫持。

3.车站应保持高度警觉,当发现明显的异常行车现象时,要加强对列车的观察,确认司机是否安全,是否被劫持。

②值班站长组织人员疏散周边围观乘客,隔离事发区域,引导乘客从未受影响的出入口、电扶梯、闸机进出车站。

③行车值班员加强对车控室所有设备和现场情况的监控;通过CCTV关注事态发展,记录有关事项;通过广播做好乘客解释和安抚工作;保持与OCC、事发现场值班站长的联系。

④服务中心加强对现金、票据的保管,防止发生钱、票被劫等突发事件。

⑤发现事发现场有人员受伤,由车站报120急救中心。

⑥引导公安人员、120进入事发现场。

(2)应急处置

①在公安到场前,尽可能稳定劫匪情绪,了解其需求,尽可能为其提供职责范围内的需求,呼吁被劫持人员保持镇定。

②尽可能了解被劫持人员身份。

③公安人员到场后,运营人员听从指挥,配合处理、取证。

④当现场事态危及列车运营时,OCC根据指挥中心的要求组织行车。

⑤发生劫持人质事件时,车站立即停止服务、疏散乘客。

⑥车站停止服务时,OCC组织列车不停站通过事发车站,如发生在始发站,视情况组织列车小交路运行。

⑦OCC向全线列车司机和车站发布事件及列车调整信息,要求车站和司机做好乘客广播。

2. 车站车票、现金等有价证券被劫事件

车站车票、现金等有价证券被劫应急预案见表4-7。

车站车票、现金等有价证券被劫应急处理程序　　　　表4-7

岗　位	处理程序
值班站长	(1)接到车票、现金等有价证券被劫的通知后,立即赶到现场指挥处理。 (2)担任事故处理主任,宣布执行车票、现金等有价证券被劫应急处理程序。 (3)指挥车站员工维持车站秩序,保护案发现场,直至公安人员到站。 (4)配合公安人员和安全稽查部的调查取证工作
行车值班员	(1)收到车票、现金等有价证券被劫的信息后,第一时间打电话报警,报告歹徒逃走方向。报站长、部门安监。 (2)通知值班站长到现场处理。 (3)报告OCC,汇报事情发生时间、地点、歹徒人数、特征、逃走方向,被劫物品及有无人员受伤等。 (4)配合公安人员和安全稽查部的调查取证工作

续上表

岗　位	处　理　程　序
客运值班员	（1）如果点钞室被劫，在没有危及人身安全的前提下，第一时间通知车控室，向坐台人员简要汇报被劫情况。包括：案发地点，歹徒的人数、特征、逃走方向，被劫物品及有无人员受伤等。 （2）公安人员到场后，配合公安人员的调查取证工作。 （3）安全稽查部到站后，在安全稽查部的监督下，负责清点车站所有现金，计算被劫金额。 （4）清点完毕后，被劫车票、现金等有价证券的金额记入当天"车站营收日报"的差额栏，并附一份由公安出具的车站被劫证明及安全稽查部出具的对现金的清点证明，随报表上交票务分部
售票员	（1）如果票务处被劫，在没有危及人身安全的前提下，第一时间通知车控室，向坐台人员简要汇报被劫情况。包括：案发地点，歹徒的人数、特征、逃走方向，被劫物品及有无人员受伤等。 （2）停止被劫票务处的售票工作，引导乘客到另一票务处购票。 （3）公安人员到场后，配合公安人员的调查取证工作。 （4）配合安全稽查部的调查取证工作
站台岗	（1）如果票务处、TVM被劫，在没有危及人身安全的前提下，第一时间通知车控室，向坐台人员简要汇报被劫情况。包括：案发地点，歹徒的人数、特征、逃走方向，被劫物品及有无人员受伤等。 （2）在票务处、TVM前放置"暂停使用"的告示牌，停止在被劫TVM上购票，同时引导乘客到其他TVM上购票或引导乘客到另一端票务处购票。 （3）公安人员到场后，配合公安人员的调查取证工作。 （4）配合安全稽查部的调查取证工作

注：1. 车站人员在紧急情况下，要保持头脑冷静，看清歹徒特征及逃走方向。

2. 如点钞室被劫导致无法正常进行结账工作，则由值班站长安排值班员和售票员到站长室结账（票款暂时锁在站长室，钥匙由站长负责保管，站长未赶到前由值班站长保管）。

3. 如点钞室被劫导致没有车票及备用金使用，则由站长安排进行站间借票、借备用金，其他车站应尽量予以配合。

4. 如遇到紧急情况，在时间上不允许车站人员通过电话报警时，坐台人员（或车站其他人员）须在最短的时间内按下无线电台的紧急呼叫键。

5. 被劫车站的当值员工及在场人员，在公安人员、安全稽查部等人员到达现场前，不得擅自离开，以协助调查。

（1）先期处置

①车站报110和OCC并通知驻站民警。

②在保证自身安全的前提下，组织堵截作案人员。

③值班站长组织人员疏散周边围观乘客，隔离事发区域，引导乘客从未受影响的出入

口、电扶梯、闸机进出车站。

④行车值班员加强对车控室所有设备和现场情况的监控;通过CCTV关注事态发展,记录有关事项;通过广播做好乘客解释和安抚工作;保持与OCC、事发现场值班站长的联系。

⑤发现事发现场有人员受伤,由车站报120急救中心。

⑥引导公安人员、120进入事发现场。

（2）应急处置

①票款被劫,根据分公司票务管理制度相关要求执行。

②如抢劫人员被抓到,等待公安人员到达现场后移交给公安人员。

③公安人员到场后,运营人员听从指挥,配合处理、取证。

④如发生劫持人质事件,按车站发生劫持人质处理。

3. 车站乘客打架治安事件

车站乘客打架应急处理程序见表4-8。

车站乘客打架应急处理程序　　　　　　表4-8

岗　　位	处　理　程　序
现场员工	（1）离纠纷乘客最近的员工立刻上前劝架,尽量分开纠纷的双方,分别带到人少的地方,劝谕他们冷静下来,"不要把事情闹大,对双方都没有好处"。如果是因购票、兑零等吵架,车站需劝解争执的问题。 （2）劝开其他围观的乘客,维持好行车和车站的正常秩序。 （3）如劝说不了,报告车站控制室,由车站控制室通知值班站长到场处理
行车值班员	（1）立刻通知站长、治安室,值助,通知客运值班员、值班站长、护卫到现场处理。 （2）及时将该情况通报给警务站人员,并请他们到现场处理
值班站长	（1）到现场劝谕当事人"如继续下去,一切后果自负"。 （2）劝开围观乘客,维持车站正常秩序。如事态有进一部扩大的可能,通知公安人员到场处理。 （3）确认已通报警务站人员到现场处理,了解伤者的伤势,必要时送往医院,把参与肇事者和目击证人交由警务人员处理
客运值班员	（1）到现场一起制止打架的双方,如没有伤亡,交由公安处理。 （2）如果有人受伤,立即通知值班站长,并在乘客中寻找目击证人,留下证明资料等

注:1. 尽量不要与当事人的身体接触。

2. 保护好自身安全,防止被乘客误打。

3. 当司机/行调通知列车上发生乘客纠纷或打架时,车站须及时将当事人、目击者请下车进行相应的处理。

(1) 先期处置

①车站发生群殴或使用管制刀具的械斗,车站按信息报告流程报告并通知驻站民警。

②值班站长组织人员疏散周边围观乘客,隔离事发区域,引导乘客从未受影响的出入口、电扶梯、闸机进出车站。

③行车值班员加强对车控室所有设备和现场情况的监控;通过CCTV关注事态发展,记录有关事项;通过广播做好乘客解释和安抚工作;保持与OCC、事发现场值班站长的联系。

④服务中心加强现金、票据保管,防止发生钱、票被劫等突发事件。

⑤发现事发现场有人员受伤,由车站报120急救中心。

⑥在公安到场前,尽量对打架人员进行劝解。

⑦引导公安人员、120进入事发现场。

(2)应急处置

①轨道公安人员到场后,运营人员听从指挥,配合其处理、取证。当公安部门判断事态无法控制,需要关闭车站时,由车站报指挥机构得到同意后执行。

②事件涉及人数多或持有刀具、枪械、爆炸物等,立即执行车站疏散程序,列车不停站通过。

③OCC向全线列车司机和车站发布事件及列车调整信息。

④OCC根据指挥机构要求进行行车组织调整。

⑤如发生人员被劫持事件,按劫持人质处理。

⑥设备管理部门对可能受到损坏的设备进行检查,对受损设备评估损失以备后期的索赔。

4. 围堵办公场所等群体性事件

(1)先期处置

①发现围堵办公场所时,发现人员立即报分公司安保部。

②安保部接报后根据事件的情况,按信息报告流程报告并报110,视情况报120。

③安保部相关人员赶往现场。

④引导公安人员进入事发现场。

(2)应急处置

①安保部就近调派保安赶往现场。

②到达现场后,根据现场情况开展警戒行动,向发现者了解情况。

③与围堵人员对话,了解情况采取安抚措施,防止发生冲突。

④尽量劝离围堵人员,可选择与组织者进行协调,让其余人员离开以免影响正常的办公。

⑤维护现场,等待公安部门调查。

⑥积极配合公安部门调查取证工作,详细记录事件发生的时间、地点、发现者、事件调查结果情况等,处理善后工作。

◆ 任 务 实 施 ◆

掌握突发治安事件应急处理

1. 任务组织

课前确定学习小组,每组4~6人,前往当地城市轨道交通地铁站参观学习;通过查找资料,搜集有关城市轨道交通突发治安事件应急处理的案例,分析突发治安事件的应急处理过程,并做成PPT课件,进行课堂汇报。

2. 交流内容与学习设备准备

交流内容:城市轨道交通突发治安事件应急处理的案例、视频、图片(例如鱼骨图、动图、流程图等)。

所需设备:手机(或电脑、pad等)。

3. 明确任务

以小组为单位讨论城市轨道交通突发治安事件应急处理程序及流程图。

4. 拓展提高

课堂上关于城市轨道交通突发治安事件应急处理程序的遗留问题。

5. 小组任务效果评价表(表4-9)

任务效果评价表　　　　　　　　　　　表4-9

任务指标	评分要求	分值	得分
1. 城市轨道交通突发治安事件应急处理基础知识的掌握	根据掌握城市轨道交通突发治安事件应急处理基础知识的情况,进行评分	20	
2. 城市轨道交通突发治安事件应急处理一般处理程序的条理清晰度	根据城市轨道交通突发治安事件应急处理一般处理程序的条理清晰度进行评分	10	
3. 城市轨道交通突发治安事件应急处理的一般处理程序的步骤是否完整	根据城市轨道交通突发治安事件应急处理一般处理程序的完整程度进行评分	10	
4. 城市轨道交通突发治安事件应急处理的一般处理程序是否符合逻辑性	根据城市轨道交通突发治安事件应急处理一般处理程序是否符合逻辑性进行评分	10	
5. 根据城市轨道交通突发治安事件应急处理的一般处理程序,画出流程图	根据是否有流程图,以及流程图的完整性进行评分	20	
汇报效果评价	(1)礼仪规范及语言表达	10	
	(2)准备	10	
	(3)演讲掌控	10	
分项得分	自我评分(　　) 小组评分(　　) 教师评分(　　)		
总分	总分 = 自我评分(　　)×30% + 小组评分(　　)×40% + 教师评分(　　)×30%		

综合演练

突发治安事件应急处理

一、演练目的

(1) 检查对突发治安事件应急处理程序的掌握情况。

(2) 检查各岗位对自己职责掌握的熟练程度。

(3) 检查岗位之间信息沟通是否顺畅。

(4) 根据演练流程完成演练评估报告。

二、人员安排

(1) 岗位人员：值班站长1名，行车值班员1名，客运值班员1名，站务员2名(票亭、厅巡)，相关工作人员1名(可以由一人或多人扮演站长、地铁公安、乘客等，负责接收相关信息)。

(2) 观察人员：建议每个角色均有一名观察人员，记录岗位扮演人员的关键步骤和关键动作，以便演练完成后进行总结。

三、物资准备

扩音器、隔离带、告示牌。

四、情境假设

某日15：00左右，A站在站厅B端发生乘客打架斗殴事件，有部分乘客围观。

突发治安事件处理原则

思考

当发生此类突发治安事件，车站首先该向谁请求帮助？

五、演练流程

(1) 15：00，A站在站厅B端发生乘客打架治安事件，有部分乘客围观，厅巡(站务员)发现后立即报车控室。

(2) 15：01，值班站长到现场确认后，启动突发治安事件应急处理程序。

突发治安事件应急处理关键点

思考

执行突发治安事件应急处理程序的关键点在哪里？

[提示]突发治安事件应急处理时各个岗位行动指引见表4-10。

突发治安事件应急处理时各个岗位行动指引　　表4-10

岗　　位	行　动　指　引
厅巡岗 (站务员)	(1) 现场发生乘客打架斗殴事件时，立即报告车控室； (2) 在保证自身安全的前提下，做好劝阻工作； (3) 拉设隔离带，做好客流疏导，避免乘客围观； (4) 挽留2名及以上目击证人； (5) 民警到达后将事件交由民警处理

续上表

岗 位	行动指引
票厅岗 （站务员）	（1）协助值班站长处理； （2）拉设隔离带，对现场围观人员进行疏散
客运值班员	（1）到现场协助值班站长处理； （2）拉设隔离带，对现场围观人员进行疏散； （3）判断是否有乘客受伤，寻找两名及以上目击证人； （4）将目击证人交由民警处理，留下证明资料等
行车值班员	（1）接现场人员报车站发生乘客打架治安事件，立即通知值班站长、客运值班员、安全员到现场处理，及时将该情况通报给110； （2）使用CCTV观察现场动态情况，将现场情况报OCC； （3）根据现场情况报120
值班站长	（1）接报车站发生乘客打架治安事件后，立即赶到现场； （2）确认现场发生治安案事件后立即要求车控室报110； （3）在确保人身安全前提下劝阻当事乘客； （4）组织人员做好客流疏导，避免乘客围观； （5）民警到达现场处理后，协助其处理； （6）了解人员伤亡情况，必要时报120处理，把参与肇事者和目击证人交民警处理； （7）配合民警调查取证，做好善后工作； （8）发生突发治安事件严重影响车站运作或对乘客安全构成威胁时，可报站长同意后关闭车站，暂停对外服务，启动《车站疏散应急处理程序》

此类突发治安事件，怎样才算成功处置？如有员工被打伤，该如何处理？

（3）15:35，打架乘客被地铁公安成功劝阻，除打架乘客当事人身上有轻伤外，其余乘客、车站工作人员未发现有被打受伤情况。

若发生员工被打的情况时，被打员工应尽量往有其他员工在场或有摄像头的位置躲避，便于事后处理，并要求警方介入调查，追究相应责任。

六、演练总结与评估

演练结束后，相关工作人员应组织总结会，总结会具体包括以下内容：

（1）岗位人员发言，总结演练过程中好的做法和存在的问题；

（2）观察员阐述观察情况，并对观察岗位进行点评；

（3）根据总结情况，形成演练评估报告，确定小组演练成绩。

七、演练评估报告

		演练项目:突发治安事件应急处理演练		
演练形式			演练总指挥	
演练时间			演练地点	
[演练背景]某日 15:00 左右,A 站在站厅 B 端发生乘客打架斗殴事件,有部分乘客围观				
演练过程记录				
序号	时间	过程描述		存在的问题
1		A 站在站厅 B 端发生乘客打架斗殴事件,有部分乘客围观,厅巡(站务员)发现后立即报车控室		
2		值班站长到现场确认后,启动突发治安事件应急处理程序		
3		厅巡岗(站务员):		
4		票亭岗(站务员):		
5		行车值班员:		
6		客运值班员:		
7		值班站长:		
8		打架乘客被地铁公安成功劝阻,除打架乘客当事人身上有轻伤外,其余乘客、车站工作人员未发现有被打受伤情况(若发生员工被打情况时,被打员工应尽量往有其他员工在场或有摄像头的位置躲避,便于事后处理,并要求警方介入调查,追究相应责任)		
9		演练负责人确认各环节执行完毕,宣布演练结束		
演练总结				

好的方面:

不足方面:

演练总体评价	□优秀	□良好	□合格	□不合格
参演人员签名:				

练习与思考

一、单选题

1. 治安事件是指群体或个人为了满足特殊需要或者达到特殊目的,利用或选择适宜的场所、时机和环境,通过实施违法犯罪或采取不正当手段,导致或促使事态加剧、扩大,从而扰乱、破坏(　　)的行为。
   A. 治安秩序　　　B. 社会治安秩序　　C. 社会秩序　　　D. 秩序

2. 车站乘客打架时,(　　)立刻通知站长、治安室、值班站长,通知客运值班员、值班站长、护卫到现场处理。
   A. 现场员工　　　B. 行车值班员　　　C. 行车司机　　　D. 行车调度员

3. 列车或车站发生劫持人质时,(　　)立即报告行调、地铁公安、站长、上级部门、值班站长,简要说明歹徒和被劫持者双方的人数、性别、凶器和初步了解的劫持原因等。
   A. 治安秩序　　　B. 行车值班员　　　C. 社会秩序　　　D. 秩序

4. 车站车票、现金等有价证券被劫时,(　　)应停止被劫票务处的售票工作,引导乘客到另一票务处购票。
   A. 站务员　　　　B. 行车值班员　　　C. 站长　　　　　D. 售票员

二、多选题

1. 突发治安事件造成的影响有(　　)。
   A. 人员的伤亡影响车站正常的运营
   B. 造成乘客的恐慌心理,影响乘客对城市轨道交通的安全保障的信任度
   C. 群体性治安事件参与人数比较多,造成的人员伤亡和财产损失重大,社会影响范围广
   D. 在地铁站相对封闭的环境中,难以在短时间内进行有效的管制和疏导

2. 城市轨道交通车站常见的治安事件有(　　)。
   A. 劫持人质　　　B. 抢劫票款　　　C. 围堵办公场所　　D. 打架斗殴

3. 以下哪些是可疑人员的辨识注意事项?(　　)
   A. 符合警方通报特征的人物
   B. 在车站逗留时间较长或多次到同一地点观察,且有异常表现的乘客
   C. 乘客反映的可疑人物
   D. 携带违禁物品的人员

4. 下列选项中,属于城市轨道交通突发治安事件信息报告内容的有(　　)。
   A. 事件发生的时间(时、分)
   B. 事件发生的地点(站台、站厅等)
   C. 事件状况、车站设备损坏情况及影响范围
   D. 人员伤亡情况

E. 已采取的行动和请求救援事项
5. 城市轨道交通突发治安事件主要包括( )两种。
   A. 车站突发治安事件　　　　　　B. 列车突发治安事件
   C. 站台突发治安事件　　　　　　D. 站厅突发治安事件

三、简答题

1. 简述治安事件的定义。
2. 突发治安事件常见的类型有哪些?
3. 发生各种突发事件时,现场临时负责人分别是谁?
4. 报告突发治安事件时,信息报告的内容有哪些?

项目五

恶劣天气应急处理

1. 能够判断哪些天气属于恶劣天气。

2. 能够理解各种恶劣天气的定义,通过了解某种恶劣天气预警信号特征判断恶劣天气的预警信号等级。

3. 能够理解恶劣天气的应急组织处理原则,在城市轨道交通恶劣天气应急处理流程中遵守恶劣天气的应急组织处理原则。

4. 能够理解城市轨道交通恶劣天气应急处理流程各工作人员岗位职责,在城市轨道交通恶劣天气事件应急处理过程中能够遵守各工作人员岗位职责。

5. 能够运用城市轨道交通恶劣天气应急处理流程正确处理城市轨道交通恶劣天气事件。

案例导学

【案例经过】

2013年8月登陆我国南部沿海的最强台风"尤特"带来了暴雨天气,在粤北铁路沿线山区,8月16日20时至8月17日20时,乐昌至坪石段接连5次中断线路。从8月17日晚起,广州火车站被迫停运,影响约8万名已购票旅客。

据广铁集团透露,暴雨天气损毁了京广铁路大量线路、信号、接触网设施。强降雨断道,打乱了京广铁路大动脉的运输秩序,数百趟旅客列车和货物列车的运行受到影响。

截至8月18日凌晨3时,京广线南段强降雨已经影响旅客列车250余列,数万旅客滞留在各大车站或旅客列车上。8月18日下午,记者从广州地铁5号线前往广州火车站的途中发现,每到一个换乘站,列车员就会用广播反复播报"火车票实施全省通退"这一消息。

在地铁广州火车站站点,原先供行人出入的直通火车站售票大厅的B出口已经被封锁,改为了"广州地铁爱心驿站"。为加快退票速度,广州火车站售票厅将所有售票窗口改为退票窗口,进站口也改为退票口,行包房安装设备组织退票,退票窗口已达69个;并从管内抽调100人支援退票工作,实施全省各站24小时不间断通退,如图5-1所示。

广铁公安连夜抽调300余名警力实行24h轮流上岗,仅退票区域就投入百余名警力,严防旅客在滞留过程中发生拥挤和踩踏等群体事件。截至8日15时,广铁集团共退票26.8万张。

图5-1 暴雨天气影响下,广州火车站全线停运的24h

面对列车停运,广铁集团全面启动应急预案,采取春运模式应对北上列车大面积晚点。但对很多旅客来说,还是带来了诸多不便。为尽快恢复运输秩序,中国铁路总公司对京广线旅客列车实施快速调整方案,充分利用京广线两侧线路进行迂回运输。

至8月18日早晨,广州火车站对250余列旅客列车,全部进行了妥善处置,先后有33列实行迂回运输,并对不能迂回运输的旅客列车采取折返和停运措施。

从8月19日起,广深线动车组全部恢复在广州站始发和到达,预计有16对长途列车将可在广州站始发,但受列车晚点到达影响,可能出现晚点开车现象。

【案例启示】

车站在恶劣天气特殊时段容易形成大客流态势,将造成不可估量的人、物的损失。因此,车站应防患于未然,严防在大客流时段发生影响公共安全的重大事件。为了提高地铁员工在恶劣天气下处理突发事件的应急处理能力,有效减少和控制安全事故的发生,车站要保证恶劣天气下的行车安全,明确相关应急处理工作人员的工作职责,确保应急工作快速启动和高效有序,结合车站的实际情况,对恶劣天气情况下的应急处理指定相应预案。

任务一 恶劣天气相关基础知识

一、恶劣天气的定义

恶劣天气是指不利于人类生产和活动,或具有破坏性的,发生突然、移动迅速、天气剧烈、破坏力极大的局地灾害性天气。例如,雷雨、大风、暴雨、高温、大雾、冰雹、大雪、道路结冰、寒冷、低温等。

二、各种恶劣天气的定义及预警信号等级

预警信号等级根据各种恶劣天气严重程度由轻至重可分为蓝色预警信号、黄色预警信号、橙色预警信号、红色预警信号等。

根据我国实际出现的恶劣天气情况,暴雨、大雪、暴雪天气较为常见,这里主要围绕暴雨、大风、暴雪等三种恶劣天气进行介绍。暴雨、大风、暴雪等三种恶劣天气的定义及预警信号等级,见表5-1。

各种恶劣天气的定义及预警信号等级　　　　　　　　表 5-1

恶劣天气类型		暴雨	大风	暴雪
1. 定义		每小时降雨量 16mm 以上,或连续 12h 降雨量 30mm 以上,或连续 24h 降雨量 50mm 以上的降水	在出现雷雨天气现象时,风力达到或超过 8 级(≥17.2m/s)的天气现象,也称作飑	自然天气现象的一种降雪过程,指在 24h 内降雪量超过 10mm 以上的雪
2. 预警信号等级:分四级,分别以蓝色、黄色、橙色、红色表示	蓝色	12h 内降雨量将达 50mm 以上,或已达 50mm 以上且降雨可能持续	24h 内可能受大风影响,平均风力可达 6 级以上,或者阵风 7 级以上;或者已经受大风影响,平均风力为 6~7 级,或者阵风 7~8 级并可能持续	12h 内降雪量将达 4mm 以上,或者已达 4mm 以上且降雪持续,可能对交通或者农牧业有影响
	黄色	6h 降雨量将达 50mm 以上,或者已达 50mm 以上且降雨可能持续	6h 内可能受雷雨大风影响,平均风力可达 8 级以上,或阵风 9 级以上并伴有强雷电;或者已经受雷雨大风影响,平均风力达 8~9 级,或阵风 9~10 级并伴有强雷电,且可能持续	12h 内降雪量将达 6mm 以上,或者已达 6mm 以上且降雪持续,可能对交通或者农牧业有影响

续上表

恶劣天气类型		暴雨	大风	暴雪
2.预警信号等级：分四级，分别以蓝色、黄色、橙色、红色表示	橙色	3h 降雨量将达 50mm 以上，或者已达 50mm 以上且降雨可能持续	2h 内可能受雷雨大风影响，平均风力可达 10 级以上，或阵风 11 级以上，并伴有强雷电；或者已经受雷雨大风影响，平均风力为 10~11 级，或阵风 11~12 级并伴有强雷电，且可能持续	6h 内降雪量将达 10mm 以上，或者已达 10mm 以上且降雪持续，可能或者已经对交通或者农牧业有较大影响
	红色	3h 降雨量将达 100mm 以上，或者已达 100mm 以上且降雨可能持续	2h 内可能受雷雨大风影响，平均风力可达 12 级以上并伴有强雷电；或者已经受雷雨大风影响，平均风力为 12 级以上并伴有强雷电，且可能持续	6h 内降雪量将达 15mm 以上，或者已达 15mm 以上且降雪持续，可能或者已经对交通或者农牧业有较大影响

三 恶劣天气的信息发布

气象灾害预警信号实行统一发布制度，地方气象主管机构负责本行政区域内预警信号发布、解除与传播的管理工作。

城市轨道交通运营公司接到气象主管机构发布的预警信号，即可判定为恶劣天气。地方气象主管机构向城市轨道交通运营公司提供气象信息。

地方气象主管机构可以通过互联网发布城市轨道交通运营相关气象信息，其内容包括：运营公司沿线早晨、下午天气预报，本地区 48~72h 天气预报，一周天气趋势预报，气象灾害预警信息。

（1）地方气象主管机构可以通过手机短信方式提示地铁运营公司中央控制室调度值班主任，以发布气象灾害预警信息。

（2）当网络传输出现故障时，地方气象主管机构可以通过普通传真机传输气象信息。同时，致电地铁运营公司中央控制室调度值班主任，并互通姓名，做好相应记录。

(3)当网络传输与传真机同时出现故障时,地方气象主管机构可以电话通知地铁公司控制中心调度值班主任,值班主任接到气象信息后,应复诵确认,并互通姓名,做好相应记录。包括灾害天气的主要类别(根据灾害天气的成因特点,将其分为雨灾、风灾、雪灾、雾灾、雷电灾害)及所造成的直接和间接灾害。

针对所处城市的实际特点,城市轨道交通运营部门应依照城市特征制定相应的恶劣天气应急处理预案。

任 务 实 施

了解恶劣天气应急处理

1. 任务组织

课前确定学习小组,每组4~6人,前往当地城市轨道交通地铁站参观学习;通过查找资料,搜集有关城市轨道交通恶劣天气的案例,分析恶劣天气的原因,并做成PPT课件,进行课堂汇报。

2. 学习资源与学习设备准备

学习资源:城市轨道交通恶劣天气的案例、视频、图片(例如鱼骨图、动图、流程图等)。

学习设备:手机或电脑等。

3. 明确任务

以小组为单位,讨论城市轨道交通恶劣天气的成因、特点、危害及一般应急处理程序。

4. 拓展提高

城市轨道交通恶劣天气案例中涉及的课堂遗留问题。

5. 小组任务效果评价表(表5-2)

任务效果评价表　　　　　　　　　　　　　　　　　　表5-2

任务指标	评分要求	分值	得分
1. 城市轨道交通恶劣天气概念的掌握	根据是否有恶劣天气案例,以及概念理解的清晰程度进行评分	20	
2. 城市轨道交通恶劣天气案例典型性	根据是否有恶劣天气案例,以及案例是否具有典型性进行评分	10	
3. 城市轨道交通恶劣天气的成因	根据是否有恶劣天气的成因,成因是否有说服力进行评分	10	
4. 城市轨道交通恶劣天气的特点	根据是否有恶劣天气的特点,特点是否有概括性进行评分	10	
5. 城市轨道交通恶劣天气的应急处理流程	根据是否有恶劣天气的应急处理流程,流程分析思路是否清晰进行评分	20	
汇报效果评价	(1)礼仪规范及语言表达	10	
	(2)准备	10	
	(3)演讲掌控	10	

续上表

任务指标	评分要求	分值	得分
分项得分	自我评分（　　） 小组评分（　　） 教师评分（　　）		
总分	总分 = 自我评分（　　）×30% + 小组评分（　　）× 40% + 教师评分（　　）×30%		

任务二　恶劣天气应急处理

一　恶劣天气的应急组织处理原则

（1）以人为本，安全第一。把保障人民群众的生命安全放在首位，抢险救灾先人后物，加强预案启动和实施过程中的安全管理，落实安全防护责任和安全措施，确保应急处置期间人员人身安全和行车安全。

（2）统一指挥，逐级负责。OCC按照各自职责分工，迅速组织相关工作人员参与应急处理。

（3）快速反应，协同应对。发生台风、暴雨等恶劣天气，车站及时响应，迅速开展工作，相关工作人员积极配合、密切协作，减少恶劣天气对车站、行车的影响，尽快恢复正常运营秩序。

（4）预防为主，常备不懈。坚持预防与应急相结合，防患于未然。在发生台风、暴雨等恶劣天气时，各相关单位要积极开展交通突发事件的预防工作，妥善做好应对突发事件的各项准备工作。

二　恶劣天气车站各岗位工作职责

在不同的恶劣天气期间，车站当班的员工应经常巡视车站，天气情况差时，巡视次数要相应增加。站务员和客运值班员负责巡视各车站站台、站厅、所有出入口及其四周通道、与车站相连的行人通道、轨道范围及值班站长认为有必要巡视的其他部位。

恶劣天气应急处理时各车站员工岗位职责分工见表5-3。

恶劣天气应急处理时各车站员工岗位职责分工　　表5-3

序号	岗位名称	应急处理的职责分工
1	值班站长	担任前期现场处理负责人，负责现场处理的指挥协调，组织好人员疏导和伤员救助
2	行车值班员	负责车站信息的收集、传达和上报
3	客运值班员	做好聚集在车站及出入口乘客的疏导工作，必要时疏散站内乘客，并根据值班站长安排，做好应急抢险工作

续上表

序号	岗位名称	应急处理的职责分工
4	站务员	协助客运值班员做好聚集在车站及出入口乘客的疏导工作,必要时疏散站内乘客,并根据值班站长安排,做好应急抢险工作
5	司机	负责线路瞭望与信息汇报,做好乘客安抚工作

维修人员负责巡视各车站设备及附属建筑物内的机房,并安排测试应急设备(如抽水机),巡视及测试完毕后,必须通知值班站长。

车站其他人员(如物业人员)巡视本岗位职责范围的区域(如排水沟等)、设备,巡视完毕后必须通知值班站长。

三 恶劣天气汇报内容及流程

1. 汇报内容

(1)行车值班员汇报内容

①上报事件发生车站、气象灾害现象;
②现场前期处理情况;
③恶劣天气过程中运营和设备的运作情况;
④恶劣天气过程中车站出入口及隧道区间的水位情况;
⑤实时汇报现场应急处理情况。

(2)电客车司机汇报内容

①事件发生地点(线路、车站、上下行线、里程标示牌等)、车次;
②恶劣天气对列车、线路、设备的影响程度,现场可见度等情况;
③现场前期处置情况。

2. 汇报流程

恶劣天气时进行汇报的流程如图5-2所示。

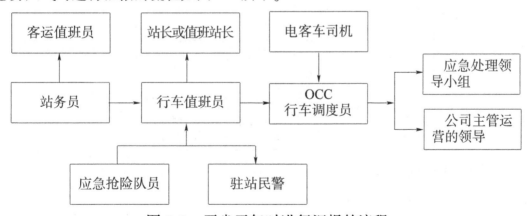

图5-2　恶劣天气时进行汇报的流程

四 恶劣天气应急处理预案

1. 恶劣天气应急处理程序

恶劣天气应急处理程序见表5-4。

恶劣天气应急处理程序 表 5-4

序号	阶段	步骤	行动
1	接收天气预警	1.1	发布天气预警"企信通"信息
		1.2	通报线网各 OCC
		1.3	密切关注气象台发布预警的最新情况
		1.4	当天气预警等级达到《特殊气象应急处理预案》的启动条件时,发布特殊天气值班"企信通"信息
2	发生恶劣天气事件造成部分线路中断行车或车站关闭	2.1	向 OCC 了解现场处理情况
		2.2	通报线网应急指挥中心经理
		2.3	发布"企信通"信息,如判断达到发布抢险等级时,优先发布抢险指令(含事件通报、抢险指令)
		2.4	向总部分管副总经理通报抢险信息
		2.5	向线网各 OCC 通报,如判断达到发布抢险等级时,优先发布抢险指令
		2.6	视情况发布线网 PIDS 信息
		2.7	视情况启动应急公交接驳
		2.8	通报: ①总部安全技术部分管总经理; ②地铁公安指挥室; ③总公司办公室主任; ④总部党群工作部部长; ⑤当地或周边城市交通电台(造成 15min 以上晚点时的运营信息)
		2.9	发送乘客手机短信
		2.10	调出监控视频设备及 HMI,跟进事件进展
		2.11	根据现场指挥部要求 ①协调抢险物资; ②协调抢险人员
		2.12	根据现场处理情况及时发布"企信通"信息和更新 PIDS 信息、乘客手机短信
3	预警及抢险结束	3.1	气象台发布预警信号解除后,发布"企信通"信息
		3.2	运营恢复正常后发布结束应急抢险指令
		3.3	按 2.2~2.9 通报或发布"恢复正常"信息

2. 恶劣天气应急处理方案

(1) 暴雨天气时的应急处理方案

暴雨天气时的应急处理方案如图 5-3 所示。

(2) 雷雨或大风天气时的应急处理方案

雷雨或大风天气时的应急处理方案如图 5-4 所示。

(3) 暴雪天气时的应急处理方案

暴雪天气时的应急处理方案如图 5-5 所示。

项目五 恶劣天气应急处理

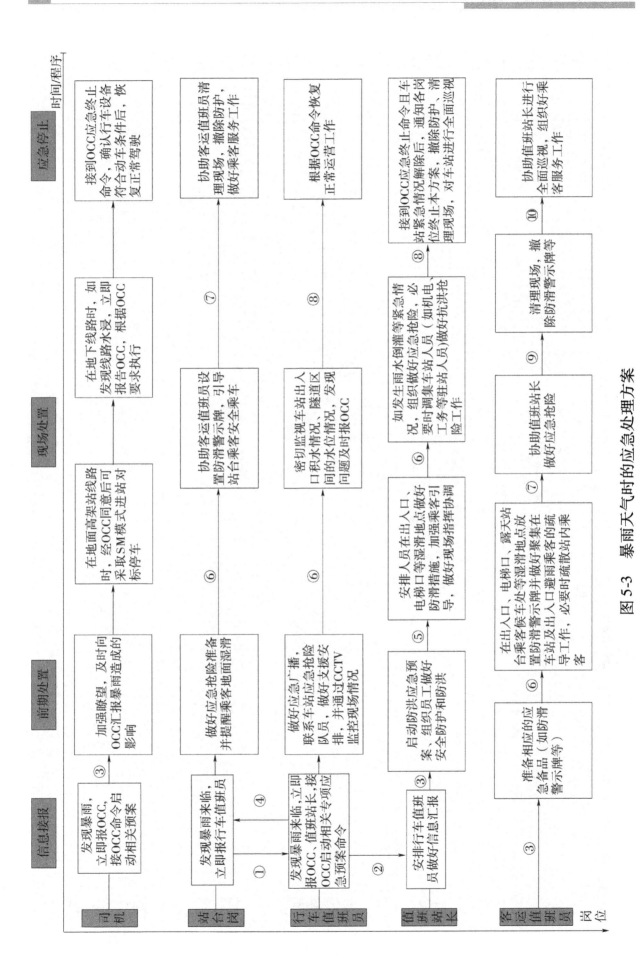

图 5-3 暴雨天气的应急处理方案

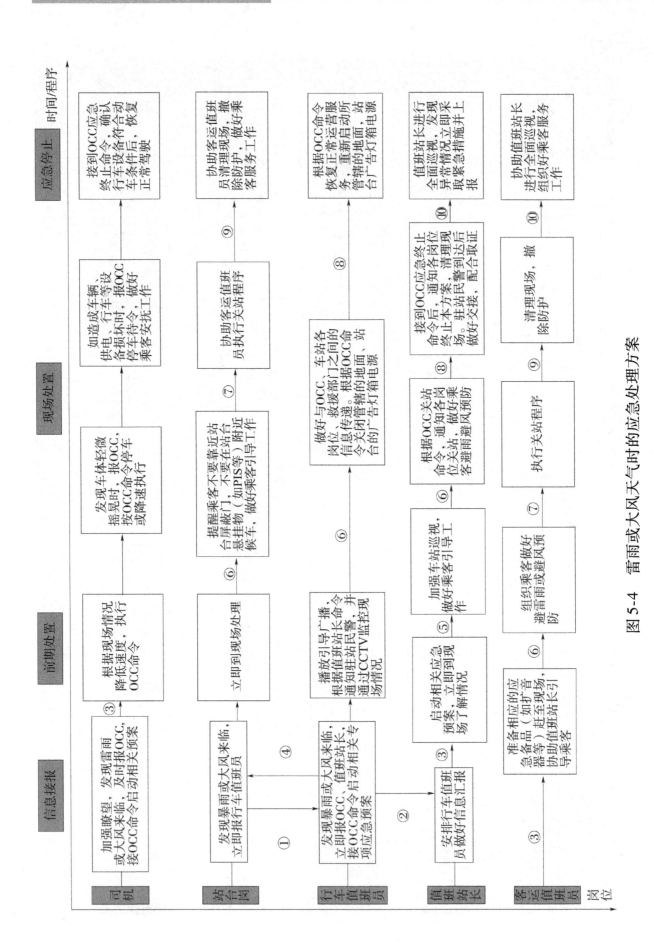

图 5-4 雷雨或大风天气时的应急处理方案

项目五 恶劣天气应急处理

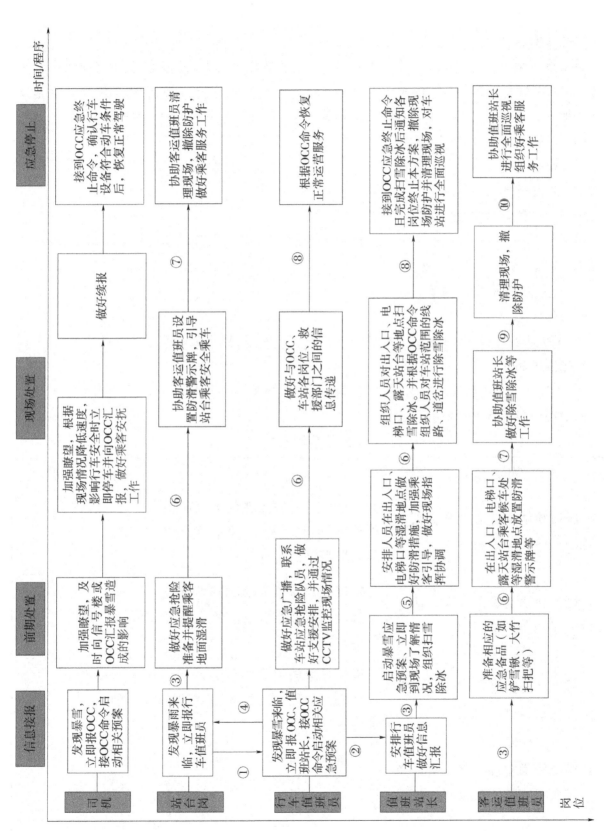

图 5-5 暴雪天气时的应急处理方案

任务实施

掌握恶劣天气应急处理

1. 任务组织

课前确定学习小组,每组4~6人,前往当地城市轨道交通地铁站参观学习;通过查找资料,搜集有关城市轨道交通恶劣天气的案例,分析城市轨道交通恶劣天气应急处理的程序;通过抽签,从以下三种恶劣天气中选出一种,明确自己的小组任务并做成PPT课件,进行课堂汇报。

(1) 暴雨天气;

(2) 大风天气;

(3) 暴雪天气。

2. 学习资源与学习设备准备

学习资源:城市轨道交通恶劣天气(暴雨天气、大风天气或暴雪天气中的一种)应急处理的案例、视频、图片、鱼骨图、动图。

学习设备:手机或电脑等。

3. 明确任务

以小组为单位,讨论城市轨道交通恶劣天气应急处理程序及流程图。

4. 拓展提高

课堂上关于城市轨道交通恶劣天气应急处理程序案例的遗留问题。

5. 小组任务效果评价表(表5-5)

任务效果评价表　　　　　　　　　　　　　　　　　　　表5-5

任务指标	评分要求	分值	得分
1. 城市轨道交通某种恶劣天气应急处理的具体案例	根据是否有关于恶劣天气应急处理的具体案例,以及案例是否具有典型性进行评分	20	
2. 城市轨道交通恶劣天气应急处理程序的条理清晰度	根据城市轨道交通恶劣天气应急处理一般处理程序的条理清晰度进行评分	10	
3. 城市轨道交通恶劣天气应急处理程序的步骤是否完整	根据城市轨道交通恶劣天气应急处理一般处理程序的完整程度进行评分	10	
4. 城市轨道交通恶劣天气应急处理程序是否符合逻辑性	根据城市轨道交通恶劣天气应急处理一般处理程序是否符合逻辑性进行评分	10	
5. 根据城市轨道交通恶劣天气应急处理程序,画出流程图	根据是否有流程图,流程图的概括性进行评分	20	

续上表

任 务 指 标	评 分 要 求	分值	得分
汇报效果评价	(1)礼仪规范及语言表达	10	
	(2)准备	10	
	(3)演讲掌控	10	
分项得分	自我评分(　　) 小组评分(　　) 教师评分(　　)		
总分	总分 = 自我评分(　　)×30% + 小组评分(　　)× 40% + 教师评分(　　)×30%		

● 综 合 演 练 ●

恶劣天气应急处理

一、演练目的
(1)检查对恶劣天气应急处理程序的掌握情况。
(2)检查各岗位对自己职责掌握的熟练程度。
(3)检查岗位之间信息沟通是否顺畅。
(4)根据演练流程完成演练评估报告。

二、人员安排
(1)岗位人员:值班站长1名,行车值班员1名,客运值班员1名,站务员2名(厅巡、票亭),相关工作人员1名(可以由一人或多人扮演行调、值班站长等,负责接收相关信息)。
(2)观察人员:建议每个角色均有一名观察人员,记录岗位扮演人员的关键步骤和关键动作,以便演练完成后进行总结。

三、物资准备
扩音器、告示牌、隔离带。

四、情境假设
某日10:00左右,由于暴雨天气,当地气象部门发布暴雨橙色预警,A站B出入口积水严重,雨水即将要淹到车站出入口。

车站发生水淹处理原则

> 思考
> 雨水即将淹到车站出入口,车站首先要保证的是什么?应急处理工作的关键点是什么?

车站水淹应急处理关键点

五、演练流程
(1)10:00,由于暴雨天气,A站B出入口雨水积水严重,雨水即将淹到车站出入口,厅巡发现后马上报车控室。
(2)10:01,值班站长到现场确认,有雨水倒灌进入出入口的风险,值站现场进行车站水淹应急准备工作。

[提示]车站水淹应急处理各个岗位行动指引见表5-6。

车站水淹应急处理各个岗位行动指引 表5-6

岗 位	行 动 指 引
厅巡岗 （站务员）	(1)发现出入口水浸后,立即报行车值班员; (2)维持好现场秩序,做好乘客指引工作,防止乘客滑倒; (3)保持与行车值班员的联系,严格按照安排进行应急处理; (4)当利用列车疏散站内的乘客时,做好宣传指引,确认无乘客遗留后报行车值班员
票厅岗 （站务员）	(1)接到险情通知后,做好应急准备; (2)当接到疏散乘客的通知时,关闭票亭电源,关闭闸机电源并打开边门,按照《车站疏散应急处理程序》组织疏散
客运 值班员	(1)接到险情通知后,立即到现场配合值班站长抢险; (2)恢复正常运作时,配合AFC等专业人员对闸机等设备送电并确认相关设备投入正常运作
行车 值班员	(1)接到发生险情的信息后,立即通知值班站长到现场确认,报告行调; (2)确认出入口进水或即将进水后需进行抢险,通知客运值班员、厅巡岗/票亭岗搬运沙袋,广播通知保洁等驻站人员协助抢险;报告行调,要求派出抢险队处理; (3)确认站厅/站台/通道由于排水不畅造成水浸时,立即通知值班站长和保洁到现场处理,并报告行调,要求派出抢险队处理; (4)广播安抚乘客,提醒乘客小心滑倒,指引出站的乘客从安全的出口出站; (5)必要时关闭出口;现场不可控制时,疏散站内乘客、关闭车站。当利用列车疏散时,疏散完毕后做好确认并报行调; (6)接到值班站长的撤退通知后,反复广播3次通知所有员工撤退到某出口外的安全地带,向行调留下2个联系方式,并保持与行调的联系
值班站长	(1)接到通知后,立即到现场确认发生险情(水淹原因)后,通知行车值班员,并组织抢险; (2)确认出入口发生进水或即将进水后,立即组织客运值班员、厅巡岗/票亭岗、保洁等人员及其他驻站人员搬运沙袋在地面出口周围堵水抗洪,必要时请求支援; (3)确认站厅/站台/通道由于排水不畅造成水浸时,立即组织保洁清理,必要时用沙袋进行控制;同时,将该区域附近的闸机、AFC设备、电扶梯等设备关闭; (4)组织做好现场的控制,疏散现场的乘客,指引乘客从安全的通道行走; (5)必要时关闭出口,现场不可控制时,疏散站内乘客、关闭车站; (6)发生车站被淹没的可能时,组织所有员工撤退到出口外的安全地带,并保持与行调的联系; (7)协助抢险人员抢险

思考

在什么时机车站才能撤掉出入口防洪防线,恢复正常运营?

(3)11:05,暴雨停止,当地气象部门取消暴雨橙色预警,出入口积水逐渐退去,行值报告行调,值站组织车站恢复正常运营。

六、演练总结与评估

演练结束后,相关工作人员应组织总结会,总结会包括以下内容:

(1)岗位人员发言,总结演练过程中好的做法和存在的问题;
(2)观察员阐述观察情况,并对观察岗位进行点评;
(3)根据总结情况,形成演练评估报告,确定小组演练成绩。

七、演练评估报告

演练项目:恶劣天气应急处理演练			
演练形式		演练总指挥	
演练时间		演练地点	
[演练背景]某日10:00左右,由于暴雨天气,A站B出入口雨水积水严重,雨水即将淹到车站出入口			
演练过程记录			
序号	时间	过程描述	存在的问题
1		由于暴雨天气,A站B出入口雨水积水严重,雨水即将淹到车站出入口,厅巡发现后马上报车控室	
2		值班站长到现场确认,有雨水倒灌进入出入口的风险,值站现场进行车站水淹应急准备工作	
3		厅巡岗(站务员):	
4		票亭岗(站务员):	
5		行车值班员:	
6		客运值班员:	
7		值班站长:	
8		暴雨停止,当地气象部门取消暴雨橙色预警,出入口积水逐渐退去,行值报告行调,值站组织车站恢复正常运营	
9		演练负责人确认各环节执行完毕,宣布演练结束	
演练总结			
好的方面:			
不足方面:			
演练总体评价	□优秀　□良好　□合格　□不合格		
参演人员签名:			

练习与思考

一、单选题

1. 不利于(　　)，或具有破坏性的、发生突然、移动迅速、天气剧烈、破坏力极大的局地灾害性天气，叫作恶劣天气。
   A. 人类生产　　　B. 人类活动　　　C. 人类生产和活动　　D. 生产和活动

2. 暴雨蓝色预警信号，是指(　　)h内降雨量将达到50mm以上，或已达50mm以上且降雨可能持续。
   A. 1　　　　　　B. 3　　　　　　C. 6　　　　　　　D. 12

3. 大风红色预警信号，主要是指2h内可能受雷雨大风影响，平均风力可达(　　)级以上并伴有强雷电；或者已经受雷雨大风影响，平均风力为12级以上并伴有强雷电，且可能持续。
   A. 6　　　　　　B. 8　　　　　　C. 10　　　　　　D. 12

4. 暴雪黄色预警信号，主要是指(　　)h内降雪量将达(　　)mm以上，或者已达(　　)mm以上且降雪持续，可能对交通或农牧业有影响。
   A. 12,4,6　　　B. 12,6,6　　　C. 6,10,6　　　D. 6,15,6

二、多选题

1. 预警信号等级根据各种恶劣天气严重程度主要包括(　　)。
   A. 蓝色预警信号　B. 黄色预警信号　C. 橙色预警信号　D. 红色预警信号

2. 下列选项中，属于恶劣天气的有(　　)。
   A. 暴雨　　　　　B. 大风　　　　　C. 暴雪　　　　　D. 晴天

3. 以下哪些属于恶劣天气的应急组织处理原则？(　　)
   A. 以人为本，安全第一　　　　　　B. 统一指挥，逐级负责
   C. 快速反应，协同应对　　　　　　D. 预防为主，常备不懈

4. 恶劣天气时，行车值班员汇报的内容主要包括(　　)。
   A. 上报事件发生车站、气象灾害现象
   B. 现场前期处理情况
   C. 恶劣天气过程中运营和设备的运作情况
   D. 恶劣天气过程中车站出入口及隧道区间的水位情况
   E. 实时汇报现场应急处理情况

三、简答题

1. 发生恶劣天气时，电客车司机的汇报内容有哪些？
2. 各种恶劣天气(暴雨、大风或暴雪)时，车站各岗位应急处理方案有哪些？

项目六

客伤应急处理

1. 能够进行正确的创伤止血包扎。
2. 能够在紧急客伤情况下对乘客进行正确的徒手搬运。
3. 能够熟练掌握现场心肺复苏步骤及注意事项。
4. 能够面对地铁突发情况学会及时调整心态,冷静面对地铁站突发客伤事件,组织地铁站相关工作人员及时正确的救助。
5. 能够运用城市轨道交通客伤应急处理流程正确处理城市轨道交通客伤事件。
6. 了解自动体外除颤器(AED)等地铁站常见救助设备的操作流程。

【案例经过】

2011年7月5日早9:36,某地铁站内上行电扶梯发生设备故障,正在搭乘电梯的部分乘客出现摔倒情况。该地铁公司迅速启动相关应急预案,受伤乘客均已送往医院救治,本次事故造成1人死亡,2人重伤,26人轻伤。事故发生后,当地政府有关部门迅速组成事故调查组,认定由于电扶梯的固定零件损坏,导致扶梯驱动主机发生位移,造成驱动链断裂,致使扶梯出现逆向下行的现象。

据当事人叙述,由于上行的电梯突然之间进行了倒转,很多人防不胜防,人群纷纷跌落,导致踩踏事件的发生,最终酿成这一惨剧。

【案例启示】

在地铁站,当客流量的急剧攀升时,很容易出现客伤事件,客伤事件一般呈现"数量多、损失大、影响广"的特点,这不仅影响了地铁良好的运营秩序和服务形象,也必然涉及大量人员伤亡和财产损失。为此我们应有一个完备的客伤应急处理流程,熟练的操作技巧,较高的客运服务水平,专业的急救常识,彰显良好的社会服务形象,维护城市轨道交通的正常运营秩序。

任务一 心肺复苏

一 心肺复苏的相关知识

1. 心脏骤停

发生心脏骤停后,全身重要器官将面临缺血缺氧,特别是脑血流的突然中断(脑缺氧),在10s左右患者即可出现意识丧失,4~6min时脑循环持续缺氧开始引起脑组织损伤,而超过10min将发生不可逆的脑损害。

(一)心脏骤停的临床表现

(1)突然意识丧失,面色发灰;

(2)瞳孔散大;

(3)呼吸停止或成喘息样呼吸;

(4)大动脉搏动消失;

(5)心前区搏动及心音消失;

(6)皮肤苍白或发绀;

(7)有外伤者伤口不出血。

(二)脑组织对缺氧的反应

人体中大脑对缺氧最为敏感,具体有以下表现:

3s:头晕、恶心;

10~20s:昏厥、抽搐;

30~45s:昏迷、瞳孔散大;

60s后:呼吸停止、大小便失禁;

4~6min:脑细胞受损并且不可逆(临床死亡期)。

10min后:进入生物学死亡期!

2. 心肺复苏(CPR)

(1)心肺复苏,简称为CPR,是指急救人员现场为心搏呼吸骤停的病人立即施行胸外心脏按压及人工呼吸的技术(图6-1)。其为患者提供临时人工呼吸和血液循环,保证了心、脑、肺等重要脏器的血液供应,维持生命。

(2)实施心肺复苏的体征:心跳停止、意识丧失、呼吸停止。

(3)心肺复苏的黄金时间为:心跳骤停的4分钟内(图6-2)。

图 6-1　心肺复苏按压示意图

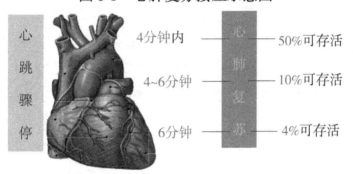

图 6-2　心肺复苏的"黄金 4 分钟"

二　心肺复苏的步骤

心肺复苏的主要步骤如图 6-3 所示。

(1)评估现场 → (2)判断意识 → (3)判断生命体征 → (4)120急救

(8)人工呼吸 ← (7)开放气道 ← (6)清除口腔异物 ← (5)胸外按压

图 6-3　心肺复苏的主要步骤

心肺复苏操作方法

1. 症状识别

（1）评估现场

如图 6-4 所示,确认现场及周边环境安全,避免发生二次伤害。

（2）判断意识

图 6-4　评估现场

如图 6-5 所示,拍打患者肩部并大声呼叫(例如,先生,先生,是否能听见),观察患者有无应答。

(3) 判断生命体征

如图 6-6 所示,听呼吸看胸廓,观察患者有无呼吸和胸廓起伏;在喉结旁两横指或颈部正中旁三横指处,用食指和中指两指触摸颈动脉,观察有无搏动。需要注意的是,以上操作要在 10s 内完成。

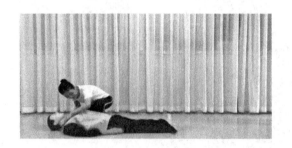

图 6-5　判断意识　　　　图 6-6　判断生命体征

如发现患者出现意识丧失,且无呼吸无脉搏,应立即实施心肺复苏术。

2. 120 急救

如图 6-7 所示,遇到这种情况不要慌张,立即进行以下处理:大声呼喊旁人帮忙拨打急救电话 120,并设法取得自动体外除颤器(AED);若旁边无人时,需先对患者进行心肺复苏,与此同时拨打急救电话 120,电话可开免提,以避免影响心肺复苏术的操作。

图 6-7　呼叫 120 急救

3. 救治方法

(1) 胸外按压

胸外按压如图 6-8 所示,具体操作步骤如下:

① 将患者转移至安全平整的硬地面或翻转体位(若受伤环境安全)。

② 跪立在患者一侧,两膝分开。

③ 开始胸外按压。

④ 找准正确按压点。找到患者两乳头连线的中点部位(胸骨中下段),右手(或左手)掌根紧贴该中点部位,双手交叉重叠,右手(或左手)五指翘起,双臂伸直。

⑤ 保证按压力量、速度和深度。利用上身力量,用力按压 30 次,速度至少保证 100～120 次/分,按压深度至少 5～6cm。按压过程中,掌根部不可离开胸壁,以免引起按压位置波动,

而发生肋骨骨折。

图 6-8　胸外按压

（2）开放气道

按压胸部后，开放气道、清理口鼻分泌物。仰头举颏法开放气道，如图 6-9 所示。开放气道的具体操作步骤如下：

①用一只手放置在患者前额，并向下压迫，另一只手放在颏部（下巴），并向上提起，头部后仰，使双侧鼻孔朝正上方即可。

②清理口腔分泌物。

③将患者头偏向一侧（图 6-10），看患者口腔是否有分泌物，并进行清理（图 6-11）；如有活动假牙（义牙），需摘除，如图 6-11 所示。

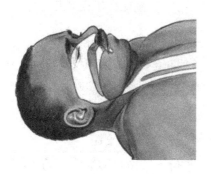 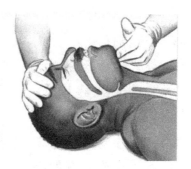

图 6-9　仰头举颏法

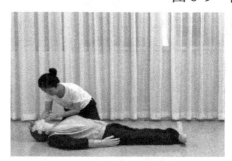 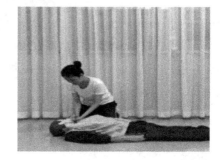

图 6-10　将患者头偏向一侧　　　图 6-11　清理口腔分泌物

（3）人工呼吸

人工呼吸如图 6-12 所示，具体操作步骤如下：

①进行口对口人工呼吸前，一定要保证自身安全，在患者口部放置呼吸膜进行隔离，若无呼吸膜，可以用纱布、手帕、一次性口罩等透气性强的物品代替，但不能用卫生纸巾这类遇水即碎物品代替。

②用手捏住患者鼻翼两侧,用嘴完全包裹住患者嘴部,吹气两次。

③每次吹气时,需注意观察胸廓起伏情况,保证有效吹气,并松开紧捏患者鼻翼的手指;每次吹气,应持续1~2s,不宜时间过长,也不可吹气量过大。

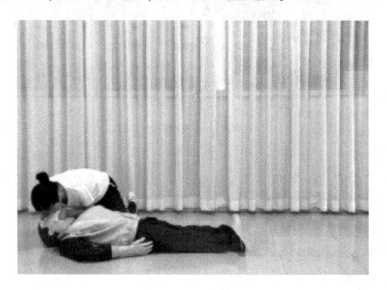

图6-12 人工呼吸

注:30次胸外按压和2次人工呼吸为一个循环,每5个循环检查一次患者呼吸、脉搏是否恢复,直到医护人员到场。当进行一定时间感到疲惫时,及时换人持续进行,确保按压深度及力度。

(4)自动体外除颤器使用

①当取得自动体外除颤器(AED)后,打开AED电源,按照其语音提示,进行操作。

②根据电极片上的标识,将其中一个贴在右胸上部,另一个贴在左侧乳头外缘(可根据AED上的图片指示贴)。

③离开患者并按下心电分析键,如提示室颤,按下电击按钮。

④如果一次除颤后未恢复有效心率,立即进行5个循环心肺复苏,直至专业医护人员赶到。

技 能 训 练

实施心肺复苏

1. 任务目标

(1)熟练掌握现场心肺复苏步骤。

(2)熟悉心肺复苏的注意事项。

(3)培养遵章守纪、团结协作的意识,树立安全第一的思想。

2. 操作准备

(1)人员组织:2人一组。

(2)设备准备:CPR假人、CPR面罩。

(3)材料准备:记录本、记录笔。

(4)操作时间:5min。

3. 知识回顾

(1)评估现场

(2)判断意识

(3)判断生命体征

(4)120急救

(5)胸外按压

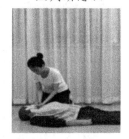
(6)清除口腔异物

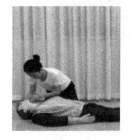
(7)开放气道

(8)人工呼吸

4. 按照"心肺复苏术操作评分标准"独立完成心肺复苏操作流程

(1)组织形式

课前自由组合2人一组,按照两两成排小组坐好。

(2)学习设备资源准备

CPR 假人、CPR 面罩、心肺复苏术操作评分标准表。

(3)学习方法

①一人操作,另一人拍操作视频并记录操作过程,然后根据"心肺复苏术操作评分标准"进行评分;操作完毕后,换另一人操作,方法同前。

②小组讨论操作过程中出现的问题,思考并记录注意事项。

5. 操作过程

步骤	图　　例	操 作 方 法	注 意 事 项
1			
2			

续上表

步骤	图　　例	操作方法	注意事项
3			
4			
5			
6			

续上表

续上表

步骤	图　例	操作方法	注意事项
7			
8			

6. 任务评价

根据以下评分标准进行自评与互评(表6-1)：

$$总分 = 小组评分 \times 60\% + 教师评分 \times 40\%$$

心肺复苏术操作评分标准　　　　　　　　　　　表6-1

项目	技术操作	分值	得分
操作步骤	1. 周围环境评估：周围环境是否安全	5	
	2. 判断患者意识：快速轻拍患者肩部，呼叫患者，确认患者意识是否丧失、有无呼吸	5	
	3. 呼叫救援：寻求他人帮助，拨打120呼叫他人取药品、仪器等	5	
	4. 复苏体位：将患者放平，仰卧位，如为软床，胸下需垫胸外按压板；解衣领、松解腰带	5	
	5. 判断患者颈动脉搏动：施救者食指和中指指尖触及患者气管正中部(相当于喉结的部位)，旁开两指，至胸锁乳突肌前缘凹陷处。判断时间为10 s，无颈动脉搏动，应立即给予心脏按压	5	
	6. 胸外心脏按压： ①按压部位：胸骨中下1/3，乳头连线与胸骨交界处	7	

续上表

项目	技 术 操 作	分值	得分
操作步骤	②按压手法； ③按压幅度：大于5cm；儿童婴幼儿胸廓前后径1/3； ④按压时间比率：按压：放松＝1:1； ⑤按压频率：大于100次/分； ⑥按压与人工呼吸比率：30:2；操作5个循环后再次判断患者颈动脉搏动	8 7 6 6 7	
	7. 清理口腔呼吸道，取下义齿	5	
	8. 开放气道：采用仰头抬颏法	5	
	9. 人工呼吸： ①口对口人工呼吸； ②简易呼吸器	7	
	10. 心肺复苏有效指征： ①能扣到大动脉搏动； ②自主呼吸恢复； ③肤色转红润； ④对光反射正常，散大的瞳孔缩小； ⑤收缩压＞8kPa(60mmHg)	5	
终末质量评价	整理患者衣服，患者取侧卧位或头偏向一侧； 进一步高级生命支持，注意观察患者意识状态、生命体征	4	
	整体评估：动作连贯、流畅；操作规范；沉着冷静；手法正确	4	
	操作时间：5min	4	

任务二　现场创伤止血、包扎和骨折固定、搬运技术

一　创伤止血技术

1. 指压止血法

（1）特点：简单、快速、有效。

（2）使用范围：适用于头颈、四肢动脉出血。

（3）使用说明：

①指压法是一种临时的紧急止血措施。

②大动脉出血时，首先采用指压法止血，再加压包扎伤口。

③对于大多数的非大动脉创伤性出血,则通常先用加压包扎法止血,无效时再作指压法止血。

(4)操作过程:

①用手指、手掌或拳头压迫伤部近心端表浅的动脉干(能够按压的主要动脉干见图6-13),阻断动脉血流而止血。

②找准压迫点(动脉常用的压迫止血点见图6-14),将动脉压向骨骼方能有效。注意力度适中,以伤口不出血为准。

③压迫时间10~15min,不得超过15min,以免血液中断时间太长,造成组织坏死。

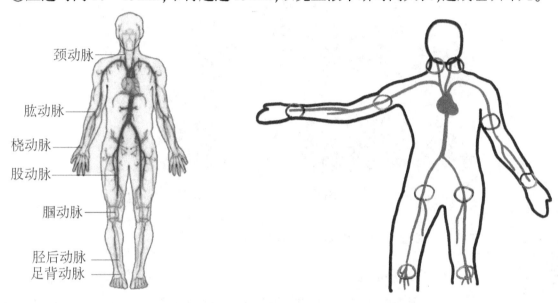

图6-13 能够按压的主要动脉干　　　图6-14 动脉常用的压迫止血点

2. 具体止血点

头顶部、前臂、手掌、大腿、手指出血的止血方法见表6-2。

人体全身止血点　　　　表6-2

出血点	止血动脉	止血点	止血方法
头顶部出血(图6-15)	颞浅动脉	同侧耳前方颧弓根部	用大拇指压迫颞浅动脉
前臂出血(图6-16)	肱动脉	出血一侧上臂中1/3肱动脉博动点	用大拇指压迫止血,同时抬高伤肢
手掌出血(图6-17)	桡动脉、尺动脉	出血一侧手腕	手指压迫止血点
大腿出血(图6-18)	股动脉	在腹股沟中点稍下方	用掌根向外上压迫止血点
手指出血(图6-19)	指动脉	出血手指两侧根	拇指与食指压迫止血点

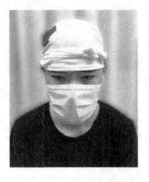 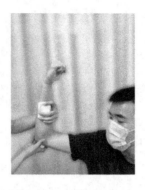 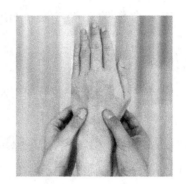

图 6-15　头部出血　　图 6-16　前臂出血　　图 6-17　手掌出血

图 6-18　大腿出血　　图 6-19　手指出血

二　现场包扎技术

绷带包扎法

1. 绷带包扎法

绷带包扎法主要包括环形包扎、螺旋形包扎、八字形包扎，如图 6-20 所示。

 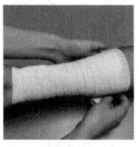 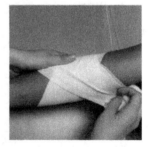

a) 环形包扎　　　　　b) 螺旋形包扎　　　　c) 八字形包扎

图 6-20　绷带包扎法

环形、螺旋形、八字形包扎步骤分别如图 6-21 ~ 图 6-23 所示。

  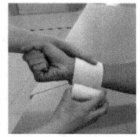

(1) 将无菌敷料覆盖伤口　(2) 水平缠绕一周，将预留绷带一角内折　(3) 缠绕第二圈时压住边角连续缠绕3圈以上

图　6-21

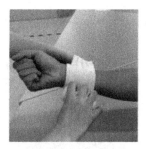 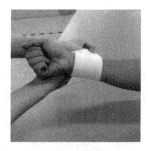 

(4)拉起肢体外侧绷带一角　　(5)将剩余绷带塞入，适当进行调整　　(6)按压手指指甲，检查是否过紧

图 6-21　环形包扎步骤

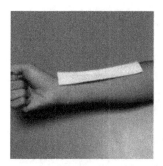 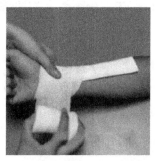 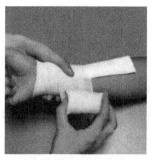

(1)将无菌敷料覆盖伤口　　(2)水平缠绕一周，将预留绷带一角内折　　(3)缠绕第二圈时压住边重叠整体宽度的2/3，剩余1/3缠绕覆盖住伤口

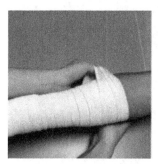  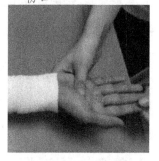

(4)拉起肢体外侧的绷带一角　　(5)在远离伤口位置上打个活结将剩余的绷带整理好　　(6)按压手指指甲，检查是否过紧

图 6-22　螺旋形包扎步骤

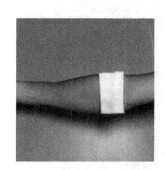 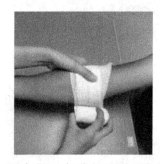 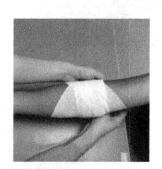

(1)将无菌敷料覆盖伤口　　(2)在伤口上进行环形包扎　　(3)一圈向下缠绕至关节以下一圈向上缠绕至关节以上

图　6-23

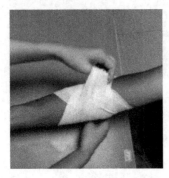  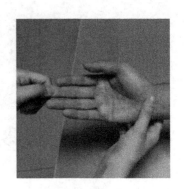

(4)将裸露在外的肘关节覆盖拉起肢体外侧的绷带一角　　(5)在伤口的下方打个活结,将剩余绷带整理好　　(6)按压手指指甲,检查是否过紧

图 6-23　八字形包扎步骤

2. 止血带止血法

止血带止血法适用于四肢大动脉出血,用其他止血方法无效时使用,方法如下:

(1)包扎位置:上肢出血结扎于上臂上 1/3 处,下肢出血结扎于大腿的中上段。

(2)包扎目的:止血、防止感染、减轻疼痛、心理安抚。

(3)包扎要求:轻、快、准、牢;先盖后包。

(4)包扎材料:绷带、三角巾、就地取材。

3. 止血带止血应注意以下事项

(1)止血带不能与皮肤直接接触。

(2)松紧度要适宜,以能止住血为度。

(3)应每隔 40~50min 放松一次,每次放松 3~5min。

(4)应有明显标志,要注明上止血带时间。

(5)不能用细小的铁丝、电线、绳索等代替止血带,如图 6-24 所示。

(6)此方法应慎用,如其他方法能止血的绝不用止血带。

 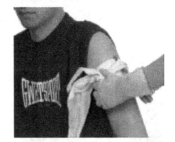 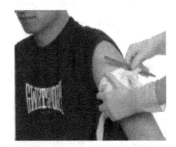

图 6-24　布条止血带止血法

布条止血带包扎胳膊具体步骤如图6-25所示。

(1)将三角巾叠成四指宽

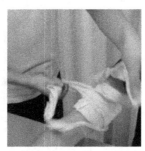
(2)在上臂1/3处环形垫好

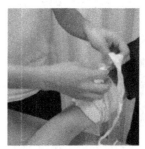
(3)将三角巾绕肢体两周两端向前拉紧打一个活结

(4)取一只棍状物体插入孔中提起转紧至伤口不出血为止

(5)将笔插入活结小圈内拉紧

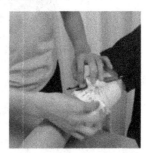
(6)固定笔,在三角巾上注明时间

图6-25 布条止血带包扎胳膊具体步骤

4.三角巾包扎

(1)胸部包扎

胸部包扎适用于胸部外伤,如图6-26所示。具体包扎步骤如图6-27所示。

止血带包扎胳膊

三角巾包扎胸部

图6-26 包扎胸部

(2)头部包扎

三角巾帽式包扎适用于头顶部外伤,如图6-28所示。具体包扎步骤如图6-29所示。

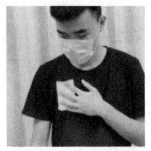 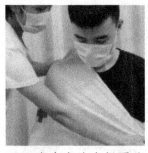 

(1)将无菌敷料覆盖伤口　　(2)三角巾底边内折覆盖敷料　　(3)顶角朝向伤侧肩部

(4)拉紧两底边角绕至背部打结　　(5)顶角系带越过伤侧肩部与底边一并打结

图 6-27　胸部包扎步骤

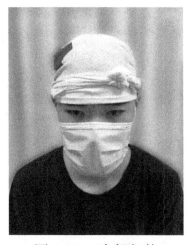

图 6-28　头部包扎

三角巾包扎头部

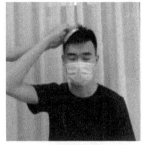 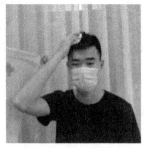 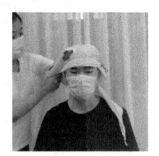

(1)用敷料压住伤口让患者按住　　(2)取出三角巾,内折一尺宽　　(3)沿眉毛在耳后交叉

图　6-29

 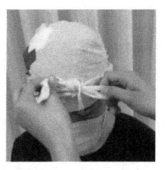 

| (4)交叉点在枕骨下方压住三角巾的顶角 | (5)绕回前面后在远离伤口的位置上打个活结 | (6)整理三角巾将多余绳结卷入三角巾内 |

图 6-29　头部包扎步骤

三　现场骨折固定

1. 现场骨折固定的基本常识

人体的骨骼起运动支撑和保护重要器官的作用。创伤往往造成骨折，骨折分为皮肤裂伤，骨头与外界相通的开放性骨折，无皮肤裂伤的闭合性骨折。

固定注意事项如下：

（1）凡是骨折、关节伤、血管神经伤、广泛软组织伤等伤员，在送往医院前均须做好伤肢固定。

（2）先进行止血、包扎，然后固定。

（3）刺出伤口的骨折端不要送回伤口内，一般畸形则按原形态固定，以免增加污染和刺伤血管、神经。

（4）固定范围应包括伤部上下两个关节，固定物要扶托住伤肢。

（5）肢体骨突部位应用棉垫或其他柔软材料作衬垫。

（6）送往医院途中应重视伤员主诉，注意观察伤肢，适当抬高并予以保护。严寒地区应注意保暖。

2. 颈部发生骨折

（1）分别置于前臂的外侧、内侧，用三角巾或绷带在骨折上、下端捆绑固定。

（2）屈肘位，用三角巾悬吊伤肢于胸前，露出指端以检查末梢血液循环。

（3）就便器材固定也可用书本、杂志等垫于前臂下方，超过肘关节和腕关节，用布带捆绑固定。

（4）保持伤病员身体长轴一致位侧翻，平移至脊柱固定板；将头部固定，双肩、骨盆、双下肢及足部用宽带固定在脊柱板上，以防途中颠簸晃动。

3. 四肢以及脊柱发生骨折

（1）肱骨骨折固定。用两条三角巾（或布条、绳子）和一块夹板（或木板）将伤肢固定，然后用一条三角巾（或布条、绳子）中间悬吊前臂，使两底角（或两端）向上绕颈部后打结，最后用一条三角巾（或布条、绳子）分别经胸背于健侧腋下打结。

（2）肘关节骨折固定。当肘关节弯曲时，用两条三角巾（或布条）和一块夹板（或木板）将肘关节固定;当肘关节伸直时,可用一卷绷带(或绳子)和一块三角巾(或布条)将肘关节固定。

(3)小腿骨折固定。用两块有垫夹板(或木板)放在小腿的内外侧,两块夹板(或木板)上至大腿中部,下至足部。用4到5条宽带或布条分别在膝上、膝下及踝部缚扎固定。

(4)股骨骨折固定。用一块长夹板(或木板)放在患侧,另外用一块短夹板(或木板)放在伤肢内侧,用4到6条三角巾(或布条),分别在腋下、腰部、大腿根部及膝部环绕伤肢包扎固定,注意在关节突出部位要放软垫(或软布)。若无夹板时,可以用三角巾、绷带或布条将伤肢固定在健侧肢体上。

(5)脊柱骨折固定。

①一人在伤员的头部,双肘夹于头部两侧,双手放于病人肩下,固定头颈部。如怀疑颈椎骨折,则先用颈托或自制简易颈托进行固定后,再行搬运。

②另外3人在伤员的同侧(一般在右侧),分别在伤员的肩背部、腰臀部、膝踝部,双手掌从病人背下平伸到伤员的对侧。

③扶头的人一般为指挥者,4人同时用力,保持病人脊柱为一轴线,平稳地抬起病人,放于脊柱板或硬担架上。

④用多条固定带,将伤员固定在脊柱板或硬担架上。

四 搬运

1. 搬运原则

(1)止血、包扎、固定后再进行搬运。
(2)根据伤情选择适当的搬运方法。
(3)搬运时动作要轻巧、迅速,尽量减少一切不必要的损伤。
(4)搬运时随时观察伤员情况,如发现病情加重应停止搬运,就地抢救。

2. 搬运方法

1)徒手搬运。徒手搬运主要包括单人徒手搬运、双人徒手搬运和多人徒手搬运

(1)单人徒手搬运包括抱持法(图6-30)、背负法(图6-31)、拖拉法(图6-32)、爬行法(图6-33)。

图6-30　抱持法　　图6-31　背负法

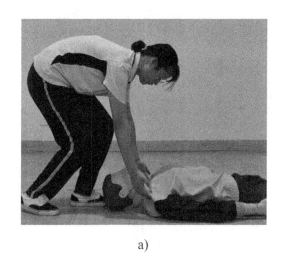

a)   b)

图 6-32 拖拉法

（2）双人徒手搬运包括拉车法（图 6-34）、杠轿式搬运（图 6-35）。

图 6-33 爬行法   图 6-34 拉车法

图 6-35 杠轿式搬运

（3）多人徒手搬运。多人徒手搬运的操作过程，如图 6-36 所示。

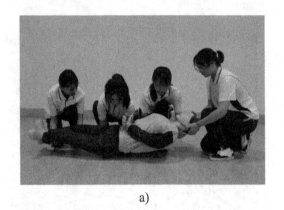
a)

b)

图 6-36　多人徒手搬运

2）器械搬运

器械搬运主要包括担架搬运和自制器材搬运。

（1）担架搬运。担架搬运，如图 6-37 所示。

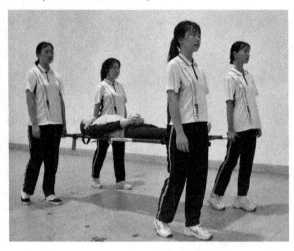

图 6-37　担架搬运

（2）自制器材搬运。运用毛毯自制搬运器材，如图 6-38 所示。运用靠椅自制搬运器材，如图 6-39 所示。

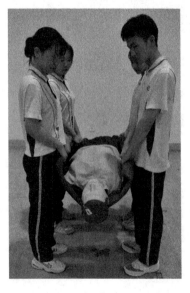

图 6-38　运用毛毯自制搬运器材　　图 6-39　运用靠椅自制搬运器材

五 急救基本流程

结合心肺复苏、搬运以及创伤止血技术、现场骨折固定知识,一般急救流程图如图6-40所示。

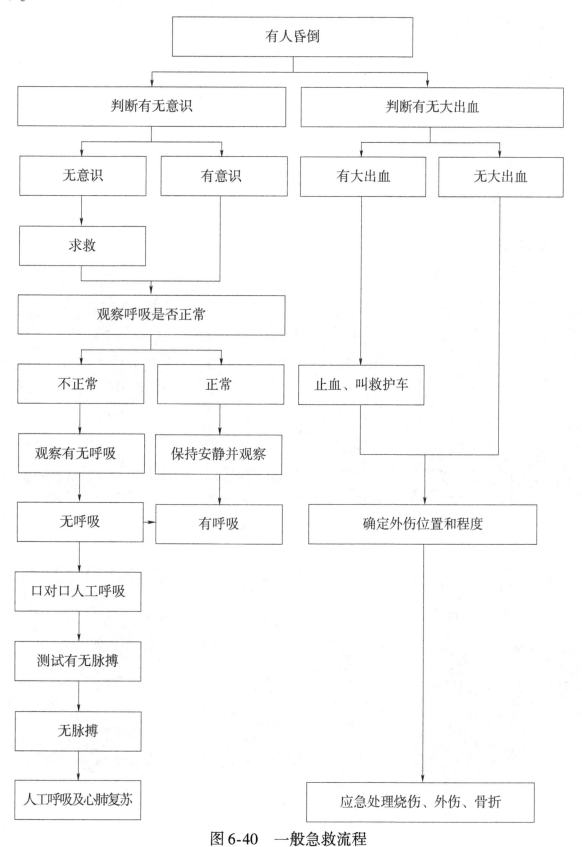

图6-40 一般急救流程

技能训练一

实施止血包扎

1. 任务目标

(1) 能够根据伤者的出血情况进行正确的包扎。

(2) 能够理解包扎的主要目的是止血。

(3) 培养遵章守纪、团结协作的意识,树立安全第一的指导思想。

2. 操作准备

(1) 人员组织:2人一组,相互包扎。

(2) 设备准备:三角巾、绷带。

(3) 材料准备:记录本、记录笔。

(4) 操作时间:10min。

3. 知识回顾

(1) 绷带——环形包扎

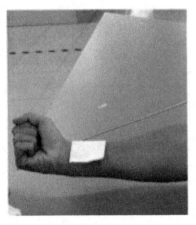

(1)将无菌敷料覆盖伤口

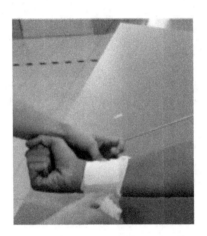

(2)水平缠绕一周将预留绷带一角内折

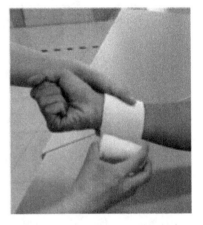

(3)缠绕第二圈时压住边角连续缠绕3圈以上

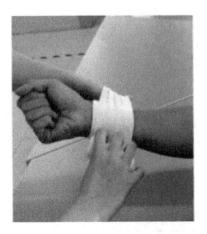

(4)拉起肢体外侧绷带一角

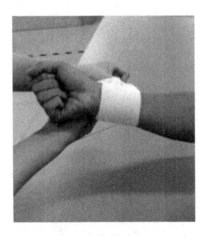

(5)将剩余绷带塞入,适当进行调整

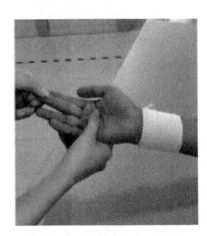

(6)按压手指指甲,检查是否过紧

（2）绷带——螺旋形包扎

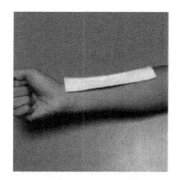
(1)将无菌敷料覆盖伤口

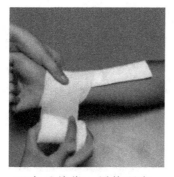
(2)水平缠绕一周将预留绷带一角内折

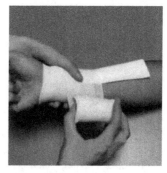
(3)缠绕第二圈时压住边角，重叠整体宽度的2/3，剩余1/3缠绕覆盖住伤口

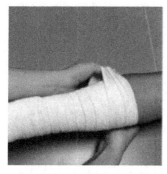
(4)拉起肢体外侧的绷带一角

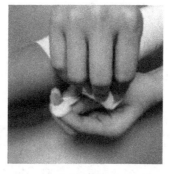
(5)在远离伤口位置上打个活结，将剩余的绷带整理好

(6)按压手指指甲，检查是否过紧

（3）绷带——八字形包扎

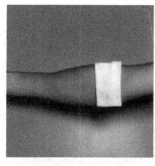
(1)将无菌敷料覆盖伤口

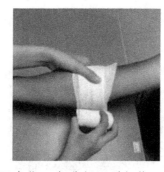
(2)在伤口上进行环形包扎

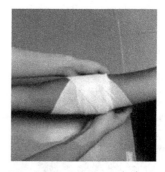
(3)一圈向下缠绕至关节以下，一圈向上缠绕至关节以上

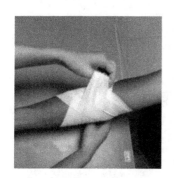
(4)将裸露在外的肘关节覆盖，拉起肢体外侧的绷带一角

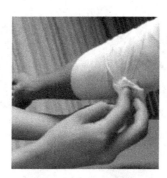
(5)在伤口的下方打个活结，将剩余绷带整理好

(6)按压手指指甲，检查是否过紧

(4)止血带——三角巾止血法

(1)将三角巾叠成四指宽

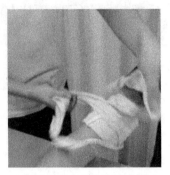
(2)在上臂1/3处环形垫好

(3)将三角巾绕肢体两周两端向前拉紧打一个活结

(4)取一只棍状物体插入孔中提起转紧至伤口不出血为止

(5)将笔插入活结小圈内拉紧

(6)固定笔,在三角巾上注明时间

(5)三角巾——胸部包扎

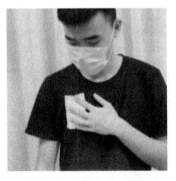
(1)将无菌敷料覆盖伤口

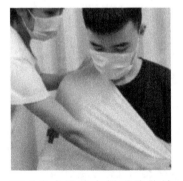
(2)三角巾底边内折覆盖敷料

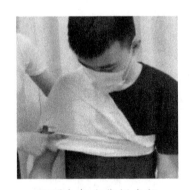
(3)顶角朝向伤侧肩部

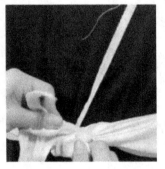
(4)拉紧两底边角绕至背部打结

(5)顶角系带越过伤侧肩部与底边一并打结

（6）三角巾——头部包扎

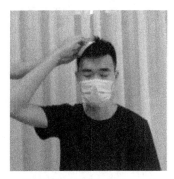

(1)用敷料压住伤口，让患者按住

(2)取出三角巾，内折一尺宽

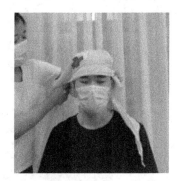

(3)沿眉毛在耳后交叉

(4)交叉点在枕骨下方，压住三角巾的顶角

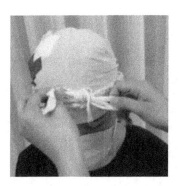

(5)绕回前面后在远离伤口的位置上打个活结

(6)整理三角巾将多余绳结卷入三角巾内

4. 操作程序

（1）绷带——环形包扎

步骤	图 例	操作方法	注意事项
1			
2			

续上表

步骤	图 例	操作方法	注意事项
3			
4			
5			
6			

(2) 绷带——螺旋形包扎

步骤	图 例	操作方法	注意事项
1			

续上表

步骤	图 例	操作方法	注意事项
2			
3			
4			
5			
6			

续上表

步骤	图　例	操作方法	注意事项
7			

（3）绷带——八字形包扎

步骤	图　例	操作方法	注意事项
1			
2			
3			
4			

续上表

步骤	图 例	操作方法	注意事项
5			
6			
7			

(4) 止血带止血法

步骤	图 例	操作方法	注意事项
1			
2			

续上表

步骤	图　例	操作方法	注意事项
3			
4			
5			
6			

（5）三角巾——胸部包扎

步骤	图　例	操作方法	注意事项
1			

项目六　客伤应急处理

续上表

步骤	图　　例	操 作 方 法	注 意 事 项
2			
3			
4			
5			

（6）三角巾——头部包扎

步骤	图　　例	操 作 方 法	注 意 事 项
1			

步骤	图 例	操作方法	注意事项
2			
3			
4			
5			
6			

5. 注意事项

注意包扎是否规范,具体内容如下:

(1) 初步判断是否能止血。
(2) 松紧度如何。
(3) 打结是否为活结。
(4) 是否美观。

6. 测评标准(表6-3)

测 评 标 准   表6-3

项目及配分		考核内容及评分标准	项目得分
1. 初步判断是否能止血	25分	不能止血,本项目不得分	
2. 松紧	25分	太松,本项目不得分	
3. 打结是否为活结	25分	若是死结,本项目不得分	
4. 美观与否	25分	根据美观程度,酌情给分	
总得分			

技能训练二

制定救援预案

1. 任务背景

地铁A站现有:地铁站工作人员若干名;救援设备:假人、担架、纱布、绷带、CPR屏障消毒面膜、血压计等。

某地铁公司为预防安全隐患,为能及时救助乘客患者,进行紧急救援演练,任务如下:

站务员甲在地铁A站发现一名乘客趴在B出口处楼梯口,仔细检查发现呼吸、心跳停止,胳膊、头部有受伤出血情况,现运用车站现有的资源,以小组为单位结合所学过的急救专业知识(包扎知识、心肺复苏法)进行施救(时间限制:6min)。

2. 任务要求

(1) 按小组合作,以角色扮演的方式结合实际情境进行紧急救援演练。

(2) 其他同学观察小组的展示过程,记录其优秀之处及有待改进的地方,以备评价之用。

3. 操作程序(表6-4)

救 援 预 案 表   表6-4

救援步骤	所用设备	注意事项

4. 任务评价

根据以下评分标准进行自评与互评(表6-5):

总分 = 本组自评×30% + 本组间互评×30% + 教师评分×40%

评 分 标 准　　　　　　　　表6-5

项目	评 分 要 求	分值	得分
心肺复苏操作流程	1. 周围环境评估：周围环境是否安全，必要时需要转移施救位置	5	
	2. 判断患者意识：快速轻拍患者肩部，呼叫患者，确认患者意识是否丧失；判断有无呼吸	5	
	3. 呼叫救援，寻求他人帮助，拨打120，呼叫他人取药品、仪器等	5	
	4. 复苏体位：将患者放平，仰卧位，如为软床，胸下需垫胸外按压板；解衣领、松解腰带	5	
	5. 判断患者颈动脉搏动：施救者食指和中指指尖触及患者气管正中部（相当于喉结的部位），旁开两指，至胸锁乳突肌前缘凹陷处	5	
	6. 胸外心脏按压： ①按压部位：胸骨中下1/3，乳头连线与胸骨交界处； ②按压手法； ③按压幅度：大于5cm，儿童婴幼儿胸廓前后径1/3； ④按压频率：大于100次/分； ⑤按压与人工呼吸比率： 单人操作为30∶2，双人操作为15∶2； ⑥操作5个循环后再次判断患者颈动脉搏动	5 2 3 5 8 5	
	7. 清理口腔呼吸道，取下义齿	5	
	8. 开放气道：采用仰头抬颏法	2	
	9. 人工呼吸： ①口对口人工呼吸；②简易呼吸器	5	
	10. 观察心肺复苏有效指征： ①能扣到大动脉搏动； ②自主呼吸恢复； ③肤色转红润； ④对光反射正常，散大的瞳孔缩小； ⑤收缩压 >8kPa(60mmHg)	5	
包扎	包扎规范与否（松紧，打结是否为活结，美观与否）	10	
终末质量评价	1. 抢救时间 1～2min，+5分；2～3min，+4分；3～4min，+3分；4～6min，+1分；6min以上，+0分	5	

续上表

项目	评 分 要 求	分值	得分
终末质量评价	2.团队协作 能够积极参与组内协作,小组分工中贡献率高,合作态度好	5	
	3.小组整体评估 动作连贯、流畅;操作规范;沉着冷静;手法正确	5	
	4.实训室"6S"规范　能遵守良好的实训室"6S"管理规范	5	
分项得分	自我评分(　　　) 小组评分(　　　) 教师评分(　　　)		
总分	总分＝本组自评×30%＋本组互评×30%＋教师评分×40%		

任务三　客伤应急处理

一　客伤及客伤事件

1. 客伤的概念

客伤是指在站厅、站台、城市轨道交通拥有产权的通道、出入口等范围内或在列车运输过程中出现的乘客(包括非在岗作业的城市轨道交通员工)伤亡事件,简称客伤。

2. 客伤事件的概念

客伤事件,指地铁列车运输过程中或在站厅、站台、地铁拥有产权的通道、出入口等范围内出现乘客(包括非在岗作业的地铁员工)伤亡事件。地铁客伤事件不仅影响地铁运营秩序和服务形象,伤害乘客感情,也导致一定人员伤亡和财产损失。对地铁客伤进行有效预防及控制是地铁运营中的重要内容。

早高峰后及晚高峰期间,是每天控制客伤事件发生的重点时段。此外,节日期间客流增多,也是客伤事件发生的高峰时间。

3. 客伤事件的常见情形

(1)在自动扶梯上容易造成摔伤。

(2)腿卡入列车与站台之间的缝隙容易造成夹伤。

(3)闸机、车门、安全门容易造成夹伤。

(4)出入口、站厅、楼梯、列车紧急制动容易造成摔伤。

(5)列车内、站内,有水迹、牛奶、果皮、冬天出入口周围结冰、保洁拖地湿滑、遗留物容易造成滑倒。

(6)疾病、跳轨自杀容易造成死亡。

4. 客伤事件的分类

根据客伤的责任主体分类,可分为乘客自身原因受伤、城市轨道交通运营导致客伤和第三方侵权导致客伤。

(1)乘客自身原因受伤。乘客自身原因受伤是指在城市轨道交通设备设施正常运行情况下,乘客自身不注意、个人安全防范意识不到位或其他个人因素造成的伤害。如乘客携带大件行李失去平衡摔倒、乘客抢上抢下导致被车门或屏蔽门夹伤、乘坐扶梯时没有养成抓好扶手的习惯甚至在扶梯上玩耍打闹而受伤等。

(2)城市轨道交通运营导致客伤。城市轨道交通运营导致客伤是指因城市轨道交通设施、设备或服务存在不足引起的乘客伤亡。如电扶梯故障导致乘客摔伤,城市轨道交通设备设施运行不良导致乘客夹伤、刮伤或绊倒受伤,地面湿滑导致乘客滑倒受伤等。

(3)第三方侵权导致客伤。第三方侵权导致客伤是指乘客在城市轨道交通范围内因非城市轨道交通的外部人员或设备原因导致受伤,如乘客打架斗殴、推撞致使他人跌倒摔伤等。

5. 客伤事件的分级

按伤害程度可将客伤事件分为6个等级,见表6-6。

客伤事件分级 表6-6

级 别	标 准	级 别	标 准
轻伤事件	伤害程度不及重伤者	重大伤亡事件	一次造成死亡3人至9人
重伤事件	肢体残废、容貌损毁,视觉听觉丧失及器官功能丧失	特大伤亡事件	一次造成死亡10人至29人
一般伤亡事件	一次造成死亡1人至2人	特别重大伤亡事件	一次造成死亡30人以上

三 客伤处理办法

1. 客伤处理原则

(1)优先抢救伤员原则。现场处理应本着以人为本的原则,优先抢救伤员,及时将伤员送医院救治。

(2)避免二次伤害原则。现场处理应当确保伤者、工作人员等的人身安全,避免发生二次伤害。

(3)维护运营秩序原则。现场处理应当疏散周围围观乘客,维持好现场秩序。

(4)尽快恢复运营原则。现场处理应当尽快出清线路,尽快恢复列车运行。

(5)尽力获取证据原则。现场处理人员应尽力收集和保存事故的证据,挽留证人、保存证词。

2. 客伤事件的责任界定

1)客伤事件责任界定的方法

明确客伤事件发生的地点,初步确定是否属于地铁企业责任范围。确定乘客是否有故意或过失行为,地铁企业是否尽了安全保障义务,做好证据收集,用以减轻或免除地铁责任。

根据客伤事件有关统计数据,车门/屏蔽门客伤事件和电扶梯客伤事件数量居前两位。

2)车门/屏蔽门客伤事件

证明乘客有责的证据要点:

(1)乘客有手扶车门/屏蔽门或倚靠车门/屏蔽门、冲门,阻拦车门或屏蔽门关闭的故意行为(主要通过站台录像证实或目击证人录音证实,因此,客伤处理人员到现场处理过程中,务必携带录音笔以便取证)。

(2)打架、第三方蓄意伤害等故意行为(通过报公安处理,注意不要介入到当事人的纠纷,避免受害者将责任转移到地铁公司)。

(3)乘客携带大件行李,延误车门或屏蔽门关闭(注意确定上行或下行站台屏蔽门/车门的编号,描述乘客行李大小及数量,最好拍照保存)。

(4)自身健康原因造成,如突发疾病。

减轻或免除地铁责任的证据要点:

(1)确认站台边缘是否有障碍物,地面是否有渍水或油污等(通过现场录像或拍照证实,注意将当事人拍摄进图片中,增强证据说服力和关联性)。

(2)确认事情发生时屏蔽门的状态:开/关门提示音是否有异响,车站广播是否有提醒。

(3)确认开/关门状态是否正常(通过车载录像或站台摄像头监控查看下载)。

(4)确认警示标志是否完好无缺(尽量在图片中同时包括当事人和警示标识,确保图片证据的效力)。

3)电梯客伤事件

证明乘客有责的证据要点:

(1)乘客携带大件行李,没有握紧扶手带(通过录像或目击证人笔录、口述录音证实,注意要在录音中询问当事人姓名,从而保证证据效力);

(2)在扶梯上奔跑打闹(通过录像或目击证人笔录签字、口述录音证实);

(3)自身健康原因造成,如突发疾病(通过录像、录音观察当事人精神状态或通过病人病历了解);

(4)老人或小孩没有家人陪同(若能证明家人没有尽到安全照顾义务,可以适当减轻地铁企业责任);

(5)第三方蓄意伤害,如打架等(可以证明由第三方承担责任,交公安处理)。

减轻或免除地铁责任的证据要点:

(1)扶梯的运行是否正常(如果录像无法直接观察到客伤发生位置,可以通过扶梯两端的运行状态录像或前后乘客上下扶梯的状况进行判断,注意保存这些位置的录像);

(2)警示标志是否完好无缺(注意通过录像或照相截图证实事发时间地铁的警示标识是完好无缺的,尽可能在图片中同时出现当事人和警示标志,确保图片证据的效力);

(3)乘客当时的精神状态,受伤的部位、程度等(如果通过录像、录音证实乘客有突发疾病或醉酒状况,地铁公司可以免责);

(4)扶梯检修记录(注意保存好扶梯检修单)。

3. 客伤应急处理

1)客伤应急处理预案

城市轨道交通车站乘客受伤应急预案见表6-7。

城市轨道交通车站乘客受伤应急预案　　　　表6-7

现场(或首先赶到的)员工	(1)现场发现或接收到发生乘客受伤的信息后,立即到现场处理(司机发现时,通知车站处理)。 (2)确认乘客受伤后,报车控室。 (3)请现场的其他乘客协助救助伤员,将伤员平抬到安全地点,并挽留至少2名目击者做证人。 (4)将目击者交给客运值班员处理。 (5)协助值班站长处理
行车值班员	(1)通知值班站长、客运值班员到现场处理,安排人员到现场维持秩序,封锁现场。 (2)报行调、站长、部门安监、120(视现场情况)、分管客伤部门负责人、保险公司(视现场情况)等。 (3)如为乘客与设备发生碰撞导致受伤时,暂停该设备的使用,并做好防护,通知设备维护人员进行检查,并请检查者提供书面检查情况。未得到事故处理负责人的允许,严禁任何人动用该设备。 (4)如为地面湿滑等情况导致受伤的,则及时安排人员做好防护,并通知保洁进行处理
值班站长	(1)立即到现场组织处理,协调各岗位工作。 (2)确认当事人的伤势情况,进行紧急救助(简单的包扎等),用担架送到出口外等候救护车。 (3)组织进行物证、人证的取证工作。 (4)安抚当事人,询问发生经过,当事人伤势轻微时,请其提供书面经过材料
客运值班员	(1)到现场负责专项跟进目击证人工作,并将目击证人带到会议室书写目击经过。 (2)必须请目击证人写下个人的真实资料并保管好。 (3)需要时移交给公安部门处理

2）客伤应急处理程序

客伤应急处理程序如图6-41所示。

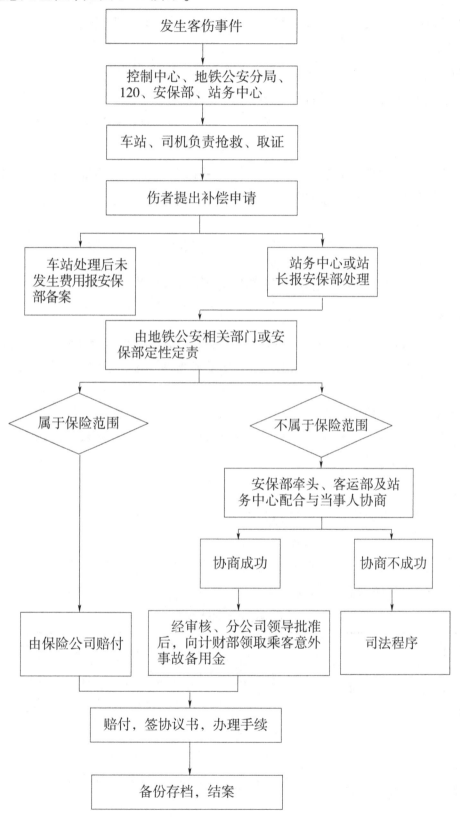

图6-41 客伤应急处理程序

3）乘客受伤现场处理程序

乘客受伤现场处理程序如下：

(1)车站现场工作人员发现或接到受伤乘客求救时,应立即报告当值值班站长并赶赴现场,了解伤员情况及初步原因。

(2)如因地铁设备造成事故,应立即停止该设备运作(影响列车运行的设备除外),并报告车站控制室。

(3)疏散围观群众,寻找目击证人,收集、记录有关证人资料。

(4)需要时,对乘客外伤进行简单的包扎处理。

(5)如调查需要,应保护好现场,必要时对有关区域进行隔离,并用相机记录现场有关情况。

(6)必要时,根据值班站长安排,站务人员到紧急出入口引导急救中心人员进站。

(7)必要时,协助警方进行事故调查。

任务实施

掌握客伤事件应急处理

1. 任务组织

课前确定学习小组,每组4~6人,前往当地城市轨道交通车站参观学习;通过查找资料,搜集有关城市轨道交通客伤事件的案例,分析客伤事件的应急处理过程,并以PPT的形式,进行课堂汇报。

2. 学习资源与学习设备准备

学习资源:城市轨道交通客伤应急处理的案例、视频、图片(例如鱼骨图、动图、流程图等)。

学习设备:手机或电脑、pad等。

3. 明确任务

以小组为单位讨论城市轨道交通客伤应急处理程序及流程图。

4. 拓展提高

课堂上关于城市轨道交通客伤应急处理程序案例的遗留问题。

5. 小组任务效果评价表(表6-8)

任务效果评价表　　　　表6-8

评价指标	评分要求	分值	得分
1.城市轨道交通客伤事件应急处理的具体案例	根据是否有客伤事件应急处理的具体案例,以及案例的典型性进行评分	20	
2.城市轨道交通客伤应急处理一般处理程序的条理清晰度	根据城市轨道交通客伤应急处理一般处理程序的条理清晰度进行评分	10	
3.城市轨道交通客伤应急处理的一般处理程序的步骤是否完整	根据城市轨道交通客伤应急处理一般处理程序的完整程度进行评分	10	

续上表

评价指标	评分要求	分值	得分
4.城市轨道交通客伤应急处理的一般处理程序是否符合逻辑性	根据城市轨道交通客伤应急处理一般处理程序是否符合逻辑性进行评分	10	
5.根据城市轨道交通客伤应急处理的一般处理程序,画出流程图	根据是否有流程图,以及流程图的概括性进行评分	20	
汇报效果评价	(1)礼仪规范及语言表达	10	
	(2)准备	10	
	(3)演讲掌控	10	
分项得分	自我评分(　　) 小组评分(　　) 教师评分(　　)		
总分	总分 = 自我评分(　　)×30% + 小组评分(　　)× 40% + 教师评分(　　)×30%		

综合演练

客伤应急处理

一、演练目的

(1)检查对客伤应急处理程序的掌握情况。
(2)检查各岗位对自己职责掌握的熟练程度。
(3)检查岗位之间信息沟通是否顺畅。
(4)根据演练流程完成演练评估报告。

二、人员安排

(1)岗位人员:值班站长1名,行车值班员1名,客运值班员1名,站务员2名(厅巡、站台岗),相关工作人员1名(可以由一人或多人扮演值班站长、受伤乘客、维修调度等,负责接收相关信息)。

(2)观察人员:建议每个角色均有一名观察人员,记录岗位扮演人员的关键步骤和关键动作,以便演练完成后进行总结。

三、物资准备

扩音器、隔离带、告示牌、相机、录音笔、屏风。

四、情境假设

某日10:15左右,有一乘客在A站站厅B端乘坐扶梯时受伤,伤势未明。

客伤第一发现人处理原则

当在车站扶梯发生客伤时,现场第一发现人员第一时间应该怎么做?

五、演练流程

(1)10:15,有一乘客在 A 站站厅 B 端乘坐扶梯时受伤,伤势未明。

(2)10:15,厅巡(站务员)发现后,第一时间赶到现场,大声通知乘客"请抓住扶手"后,按下紧急停止按钮。引导其他乘客安全离开扶梯,做好相关防护,并报告车控室。

(3)10:16,值班站长到达现场后,发现乘客右手骨折,立即组织进行客伤应急处理工作。

客伤应急处理关键点

执行客伤应急处理的关键点在哪里?

[提示]客伤应急处理时各个岗位行动指引,见表6-9。

客伤应急处理时各个岗位行动指引 表6-9

岗 位	行 动 指 引
厅巡岗 (站务员)	1. 发现或接报有乘客受伤时,立即赶往现场,大声通知乘客"请抓住扶手"后,按下紧急停止按钮。引导其他乘客安全离开扶梯,并做好相关防护; 2. 将现场情况报告车控室; 3. 并挽留2名及以上目击者做证人; 4. 将目击证人移交给客运值班员处理; 5. 听从值班站长指挥,协助安抚伤员
站台岗 (站务员)	1. 协助做好现场围蔽及乘客引导工作,避免其他乘客围观; 2. 听从值班站长安排
客运值班员	1. 携带药箱赶往现场处理; 2. 协助值班站长处理客伤; 3. 到现场负责专项跟进目击证人工作,并将目击证人带到会议室做笔录; 4. 对现场警示标识、地面状态及伤员情况等进行拍照、录音
行车值班员	1. 通知值班站长、客运值班员到现场处理; 2. 报中心站站长、OCC、部门客伤管理员,根据值班站长要求报120; 3. 若是车站设备造成乘客受伤,安排人员暂停相关设备的使用,并做好防护,立即报维修调度,并做好相关报修记录; 4. 记录事件处理经过的时间点
值班站长	1. 收到乘客受伤的通知,立即携带照相机、录音笔赶往现场; 2. 对受伤的乘客进行简单处理,根据现场情况对伤者进行必要的救助,视情况决定是否报120; 3. 对事故现场进行拍照取证,并寻找2名及以上目击证人;

续上表

岗　　位	行　动　指　引
值班站长	4. 若是车站设备造成乘客受伤的,关停车站设备做好防护,并通知车控室报维修调度; 5. 做好乘客安抚工作,若乘客可动身前往设备区会议室的,将乘客及目击证人带到车站会议室做后续处理;若乘客无法动身的,需做好现场围蔽,避免乘客围观、拍照,防止产生公关危机事件; 6. 将乘客受伤的事情经过、索赔、投诉意向向部门客伤管理员报告,同时向站长报告; 7. 若车站设备造成乘客受伤,在与维调确认设备可恢复运行后,组织开启相应设备投入使用

发生此类客伤事件,车站怎样才算成功地有效处置?

(4) 10:40,经查看录像发现,乘客是因自身原因导致乘坐扶梯时右手骨折。值班站长对受伤乘客伤口做了简单处理,并完成笔录、录音、拍照等取证工作。

(5) 10:41,120到场将乘客接走。

(6) 10:42,值班站长将乘客受伤的事情经过、索赔、投诉意向等向站长、部门客伤管理员报告。

六、演练总结与评估

演练结束后,相关工作人员应组织总结会,总结会具体包括以下内容:

(1) 岗位人员发言,总结演练过程中好的做法和问题;

(2) 观察员阐述观察情况,并对观察岗位进行点评;

(3) 根据总结情况,形成演练评估报告,确定小组演练成绩。

七、演练评估报告

演练项目:客伤应急处理演练			
演练形式		演练总指挥	
演练时间		演练地点	
[演练背景]某日10:15左右,有一乘客在A站站厅B端乘坐扶梯时受伤,伤势未明			
演练过程记录			
序号	时间	过程描述	存在的问题
1		有一乘客在A站站厅B端乘坐扶梯时受伤,伤势未明	
2		厅巡岗(站务员)发现后,第一时间赶到现场,大声通知乘客"请抓住扶手"后,按下紧急停止按钮;引导其他乘客安全离开扶梯,并做好相关防护,并报告车控室	

续上表

\\		演练过程记录	
序号	时间	过程描述	存在的问题
3		值班站长到达现场后,发现乘客右手骨折,立即组织进行客伤应急处理工作	
4		厅巡岗(站务员):	
5		站台岗(站务员):	
6		行车值班员:	
7		客运值班员:	
8		值班站长:	
9		经查看录像发现,乘客是因自身原因导致乘坐扶梯时右手骨折。值班站长对受伤乘客伤口做了简单处理,并完成笔录、录音、拍照等取证工作	
10		120到场将乘客接走	
11		值班站长将乘客受伤的事情经过、索赔、投诉意向等向站长、部门客伤管理员报告	
12		演练负责人确认各环节执行完毕,宣布演练结束	
		演练总结	
好的方面:			
不足方面:			
演练总体评价		□优秀　□良好　□合格　□不合格	
参演人员签名:			

练习与思考

一、单选题

1. 黄金抢救4分钟指的是:4分钟内,存活率可以达到( ),到了6分钟之后就只有4%的存活率。
   A. 10%   B. 20%   C. 30%   D. 50%

2. 心肺复苏之前不需要评估现场,在哪里都可以心肺复苏,此说法( )。
   A. 正确   B. 错误

3. 判断意识环节中需要拍打患者的( ),判断有无应答。
   A. 头部   B. 肩部   C. 腿   D. 脚

4. 胸外按压的正确按压点为( )。
   A. 患者两乳头连线的中点部位(胸骨中下段)
   B. 患者两乳头连线的偏左位置(接近心脏位置)
   C. 患者两乳头连线的偏右位置
   D. 患者两乳头连线中点位置的下方

5. 胸外按压时,速度至少保证( )次/分,按压深度至少( )cm。按压过程中,掌根部不可离开胸壁,以免引起按压位置波动而发生肋骨骨折。
   A. 90~100 5~6
   B. 100~120 5~6
   C. 110~120 3~4
   D. 100~120 3~4

6. 开放气道,清除异物时只需要抬起患者头部,不需要把患者头偏向一侧,此说法( )。
   A. 正确   B. 错误

7. 单人徒手心肺复苏时,( )次胸外按压和( )次人工呼吸为一个循环,每( )个循环检查一次患者呼吸、脉搏是否恢复,直到医护人员到场。
   A. 30 3 5   B. 30 1 5   C. 30 2 5   D. 15 2 5

8. 头顶部出血,按压止血的动脉是( )。
   A. 颞浅动脉   B. 肱动脉
   C. 股动脉   D. 桡动脉、尺动脉

9. 前臂出血,按压止血的动脉是( )。
   A. 颞浅动脉   B. 肱动脉   C. 股动脉   D. 桡动脉、尺动脉

10. 手指出血,按压止血的动脉是( )。
    A. 颞浅动脉   B. 肱动脉   C. 股动脉   D. 指动脉

11. 大腿出血,按压止血的动脉是( )。
    A. 颞浅动脉   B. 肱动脉   C. 股动脉   D. 桡动脉、尺动脉

12. 手掌出血,按压止血的动脉是( )。
    A. 颞浅动脉   B. 肱动脉   C. 股动脉   D. 桡动脉、尺动脉

二、多选题

1. 以下哪些属于心博骤停的临床表现(　　)。
   A. 突然意识丧失,面色死灰　　　　B. 瞳孔散大
   C. 呼吸停止或成喘息样呼吸　　　　D. 大动脉搏动消失
   E. 心前区搏动及心音消失　　　　　F. 皮肤苍白或发绀
   G. 有外伤者伤口不出血

2. 心肺复苏过程主要包括(　　)。
   A. 胸外心脏按压　　B. 人工呼吸　　C. 心脏骤停　　D. 大动脉搏动消失

3. 指压止血法的特点是(　　)。
   A. 简单　　B. 快速　　C. 有效　　D. 复杂

4. 单人徒手搬运主要包括(　　)。
   A. 抱持法　　B. 背负法　　C. 拖拉法　　D. 爬行法

5. 双人徒手搬运主要包括(　　)。
   A. 拉车法　　B. 背负法　　C. 抱持法　　D. 扛轿式搬运

6. 客伤事件的分类包括(　　)。
   A. 乘客自身原因受伤
   B. 城市轨道交通方面导致客伤
   C. 第三方侵权导致客伤
   D. 以上都不是

7. 客伤处理原则主要包括(　　)。
   A. 优先抢救伤者原则
   B. 避免二次伤害原则
   C. 尽量避免影响正常运营秩序原则
   D. 尽量恢复运营原则
   E. 尽力获取证据原则

三、简答题

1. 心肺复苏的主要流程是什么?
2. 从所选的包扎方法里任选一个,叙述一个完整的包扎过程。
3. 简述止血带止血法注意事项。
4. 简述搬运的原则。
5. 什么是客伤?
6. 简述乘客受伤应急处理程序。

项目七

毒气应急处理

 学习目标

1. 能够分辨危险化学品及其风险,对人员中毒情况进行判断。
2. 能够说出车站发生毒气时地铁公司的处理原则。
3. 能够编制毒气应急处置流程。
4. 能够编制毒气应急处置预案。
5. 能够运用城市轨道交通毒气应急处理流程正确处理城市轨道交通毒气事件。

 案例导学

【案例经过】

1995年3月20日早上,东京市民和往常一样乘坐地铁出行上班,而此刻没有任何人知道邪教教徒正在进行"沙林毒气"袭击计划。7:50,正值出行高峰期,邪教5名教徒出现在人群中,他们手拿尖头雨伞,而背包里则装着被报纸层层包裹着的"沙林毒气"和皮下注射器,里面装着2mL的解药。

5名恐怖分子分别乘坐5班列车,按照他们的计划,一旦列车在指定地点停下来,他们便用尖尖的雨伞头刺穿准备好的毒气,让这些致命的毒气散发在车厢内,毒气充满整个车厢,将里面所有的人都杀死,然后再趁乱逃走。8:00整,5辆列车在东京市政府附近交汇,他们刺穿了准备好的毒气,时间在一分一秒的过去,很快毒气散发到了整个地铁站,同时顺着通风口被排出市中心,看似外表平静的城市,却被笼罩在死亡的阴影之下。

很快,地铁站内的人中毒,开始出现呕吐、痉挛、昏迷,甚至死亡等症状,人们开始意识到空气中散发着毒气。毒气散发在空气中,人们陷入一片慌乱之中,人们不停地往外跑。同时,穿着防化服的警察、医生穿梭在人群中,警车和救护车不断地在市区中急速驶过,运送中毒人员。事件发生后,日本政府所在地及国会周围的几条地铁主干线被迫关闭,26个地铁站受影响,东京交通陷入一片混乱。如图7-1、图7-2所示。

"沙林毒气"袭击日本东京地铁,这给刚刚经历了50年一遇阪神地震的日本社会和公众又蒙上了一层阴影,人们被恐怖袭击笼罩着,他们的生活受到了巨大的打击。事件发生后,根据日本官方统计的数据显示,在这起"沙林毒气"袭击事件中,一共造成13人死亡,约6300人受伤;同时还给很多人留下了严重的后遗症,有的人无法正常行动,甚至是瘫痪等。

图7-1　救护人员抬伤者　　图7-2　事件发生时的救援现场

而参与和策划这起袭击事件的人员也全部被抓获和处理,截至2018年7月26日,1995年发动东京地铁致命"沙林毒气"攻击事件的原奥姆真理教6名共犯全部被处决。

【案例总结】

城市轨道交通毒气事件近几年呈上升趋势,造成的政治影响和社会影响也越来越大。由于空间狭窄、空气流动性差、人员密集、疏散困难等自身特点,地铁一旦发生毒气泄漏事件,人员救助和应急救援都十分困难,容易造成不可预料的人员伤亡后果。

任务一　毒气应急处理相关基础知识

一　毒气的相关知识

1. 毒气相关的概念

(1) 有毒物质

凡通过接触、吸入、食用等方式进入机体,并对机体产生危害作用,引起机体功能或器质性暂时性或是永久性的病理变化的物质都叫作有毒物质。

(2) 毒气

毒气是对生物体有害的气体的统称。

2. 毒气的种类

毒气分为天然毒气、化学毒气、含氯有机气体三个类别。

(1) 天然毒气:如一氧化碳、一氧化氮、硫化氢、二氧化硫、氯气等。

(2) 化学毒气:如光气、双光气、氰化氢、芥子气、路易斯毒气、维克斯毒气(VX)、沙林(甲氟磷异丙酯)、毕兹毒气(BZ)等。

(3) 含氯有机气体:如三氯乙烯、二氯乙烷等有毒有害气体。

世界十大致命毒气

1. VX 毒气

VX毒气可造成中枢神经系统紊乱、呼吸停止,最终导致死亡,头痛恶心是感染这种毒气的主要症状。VX毒剂是一种比沙林毒性更大的神经性毒剂,是世界十大毒气之一。VX由英国人在1952年首先发现,其后被用于制作化学武器。它是一种无色无味的油状液体,一旦接触到氧气,就会变成气态;工业品呈微黄、黄或棕色;主要是以液体造成地面、物体染毒,可以通过空气或水源传播,几乎无法察觉。

2. 塔崩

塔崩,或作GA,即二甲氨基氰膦酸乙酯,是一种毒性极强的物质。它是清澈无色有轻微水果香味的液体。塔崩被视为一种神经毒素,会严重影响哺乳类动物神经系统的正常功能甚至致命。作为化学武器,联合国在1993年颁布第687决议,将塔崩分类为大杀伤力武器。含有塔崩的产品的生产和储备被《禁止化学武器公约》严格管制。

3. 沙林

沙林,学名甲氟膦酸异丙酯,是一种致命神经性毒气,可以麻痹人的中枢神经。沙林于1938年由德国人施拉德、安布罗斯、吕第格、范·德尔·林德首次研制成功,这种毒气以上述4个人的姓中的5个字母命名为"沙林"。

4. 芥子气

芥子气,因具有挥发性,有像芥末的味道而得名,主要用于有机合成、药物(可用于治疗某些过度增殖性疾病)及制造军用毒剂,并由于其在毒剂方面的广泛使用而声名狼藉,属糜烂性毒剂代表,大鼠静脉半数致死量为0.7mg/kg。皮肤是中毒的最主要靶器官之一,染毒皮肤后能够引起红斑、水肿、起疱、糜烂、坏死并容易造成二次感染,伤口愈合缓慢。

5. 路易斯气

路易斯气是糜烂性毒剂的主要代表物之一。糜烂性毒剂主要通过呼吸道、皮肤、眼睛等侵入人体,破坏肌体组织细胞,造成呼吸道黏膜坏死性炎症、皮肤糜烂、眼睛刺痛畏光甚至失明等。这类毒剂渗透力强,中毒后需长期治疗才能痊愈。

6. 毕兹

毕兹是一种白色固体粉末,学名为二苯羟乙酸-3-喹咛酯,属失能性毒剂。现代失能剂的概念是由英国人黑尔于1915年首先提出的,美国则争先对失能剂开展了广泛的研究工作。毕兹主要通过呼吸道中毒,症状以中枢神经系统功能紊乱为主。

7. 光气

光气,又称碳酰氯,剧毒,微溶于水,较易溶于苯、甲苯等,由一氧化碳和氯气的混合物通过活性炭制得。光气常温下为无色气体,有腐草味,化学性质不稳定,遇水迅速水解,生成氯化氢,是氯塑料高温热解产物之一。用作有机合成、农药、药物、染料及其他化工制品的中间体。脂肪族氯烃类燃烧时可产生光气。

8. 双光气

双光气,氯甲酸三氯甲酯的别称,化学式$ClCO_2CCl_3$,无色液体,有刺激性气味,难溶于水,可作其他毒剂的溶剂。双光气为一种窒息性毒剂,即对人体的肺组织造成损害,导致血浆渗入肺泡引起肺水肿,从而使肺泡气体交换受阻,机体缺氧而窒息死亡。

9. 氢氰酸

氢氰酸,分子结构是C原子以sp杂化轨道成键、存在碳氮叁键,分子为极性分子;可以抑制呼吸酶,造成细胞内窒息,有剧毒。氰化氢标准状态下为液体,易在空气中均匀弥散,在空气中可燃烧。氰化氢在空气中的含量达到 5.6%~12.8% 时,具有爆炸性。氢氰酸属于剧毒类。

10. 氯气

氯气(Cl_2)。常温常压下为黄绿色,有强烈刺激性气味的有毒气体,密度比空气大,可溶于水,易压缩,可液化为金黄色液态氯,是氯碱工业的主要产品之一,可用作强氧化剂。氯气中混和体积分数为 5% 以上的氢气时遇强光可能会有爆炸的危险。

3. 进入人体的途径

毒气进入人体主要是通过人体的呼吸道、皮肤和消化道三个途径。

(1)呼吸道:整个呼吸道都能吸收有毒物质,其中以肺泡的吸收能力最大,其吸收毒物的速度取决于空气中毒物的浓度、毒物的理化性质、毒物在水中的溶解度和肺活量等。

(2)皮肤:许多毒物能通过皮肤吸收(通过表皮屏障、通过毛囊、极少数通过汗腺)进入皮下血管,吸收的数量与毒物的溶解度、浓度、皮肤的温度、出汗等有关。

(3)消化道:经消化道吸收的毒物先经过肝脏,转运后进入血液中。

在一般情况下,毒气主要通过呼吸道、皮肤进入人体。

二 毒气对城市轨道交通造成的影响

城市轨道交通在以下情形,可能受到毒气的影响:

(1)人为释放毒气的恐怖袭击,对城市轨道交通以及相关人员造成影响。

(2)运输危险物品的车辆发生事故,造成毒气泄漏,蔓延至车站。

(3)煤气管道、附近的化工厂、存储危害品的仓库发生事故,影响至车站。

三 常见危险化学品应急处理措施

毒气的概念常常是和危险化学品联系在一起的,危险化学品泄漏产生的有毒气体会对人体造成严重伤害,严重的可能危及生命,因此了解常见危险化学品相关概念以及应急处理措施就显得很重要了。

危险化学品是指爆炸品、压缩气体和液化气体、易燃液体、易燃固体、自燃物品和遇湿易燃物品、氧化剂和有机过氧化物、有毒品和腐蚀品等。

危险化学品泄漏事故具有突发性强、毒物泄漏量大,危害范围广、伤害途径多,侦检不易、救援难度大,污染环境、洗消困难、社会涉及面广、政治影响大的特点。

常见的危险化学品有天那水、酒精、油漆、汽油、煤油、柴油、丙酮、苯、氯乙烯、液氯、二氧化硫、氟化氢、氰化物、农药杀虫剂等。常见危险化学品应急处理措施见表 7-1。

常见危险化学品应急处理措施　　　　表 7-1

名　称	丙酮(易燃液体)
特性	无色透明易流动液体,有芳香气味,极易挥发;其蒸汽与空气可形成爆炸性混合物,遇明火、高热极易燃烧爆炸;与氧化剂能发生强烈反应;其蒸汽比空气重,能在较低处扩散到相当远的地方,遇火源会着火回燃。若遇高热,容器内压增大,有开裂和爆炸的危险

续上表

名　　称	丙酮(易燃液体)	
健康危害	急性中毒主要表现为对中枢神经系统的麻醉作用,出现乏力、恶心、头痛、头晕、易激动等症状。重者发生呕吐、气急、痉挛现象,甚至昏迷;对眼、鼻、喉有刺激性。口服后,先是口唇、咽喉有烧灼感,后出现口干、呕吐、昏迷、酸中毒和酮症。慢性影响:长期接触该品出现眩晕、灼烧感、咽炎、支气管炎、乏力、易激动等影响。皮肤长期反复接触可致皮炎	
灭火方法	尽可能将容器从火场移至空旷处。喷水保持火场容器冷却,直至灭火结束。处在火场中的容器若已变色或从安全泄压装置中产生声音,必须马上撤离。灭火剂:抗溶性泡沫、二氧化碳、干粉、砂土等用水灭火无效。	
急救方法	皮肤接触	脱去污染的衣物,用肥皂水和清水彻底冲洗皮肤
	眼睛接触	提起眼睑,用流动清水或生理盐水冲洗后就医
	吸入	迅速脱离现场至空气新鲜处,保持呼吸道通畅。如呼吸困难,立刻输氧;如呼吸停止,立即进行人工呼吸后就医
	食入	饮足量温水,催吐后就医
泄漏处理	迅速撤离泄漏污染区人员至安全区,并进行隔离,严格限制出入;切断火源;建议应急处理人员戴自给正压式呼吸器,穿防静电工作服;尽可能切断泄漏源,防止流入下水道、排洪沟等限制性空间。 少量泄漏:用砂土或其他不燃材料吸附或吸收;也可以用大量水冲洗,洗水稀释后放入废水系统。 大量泄漏:构筑围堤或挖坑收容;用泡沫覆盖,降低蒸汽灾害;用防爆泵转移至槽车或专用收集器内,回收或运至废物处理场所处置	
名　　称	苯(易燃液体)	
特性	易燃液体,有毒。常温下为一种无色、有甜味的透明液体,并具有强烈的芳香气味,有毒,难溶于水,易溶于有机溶剂,本身也可作为有机溶剂,挥发性大,暴露于空气中很容易扩散。其蒸汽与空气可形成爆炸性混合物,遇明火、高热极易燃烧爆炸。与氧化剂能发生强烈反应。易产生和聚集静电,有燃烧爆炸危险。其蒸汽比空气重,能在较低处扩散到相当远的地方,遇火源会着火回燃	
健康危害	高浓度苯对中枢神经系统有麻醉作用,引起急性中毒;长期接触苯对造血系统有损害,引起慢性中毒。急性中毒:轻者有头痛、头晕、恶心、呕吐、轻度兴奋、步态蹒跚等酒醉状态;严重者发生昏迷、抽搐、血压下降,以致呼吸和循环衰竭。慢性中毒:主要表现有神经衰弱综合征;造血系统改变:白细胞、血小板减少,重者出现再生障碍性贫血;少数病例在慢性中毒后可发生白血病(以急性粒细胞性为多见)。皮肤损害有脱脂、干燥、皲裂、皮炎,可致月经量增多与经期延长	

续上表

名 称	苯(易燃液体)	
灭火方法	喷水冷却容器,可能的话将容器从火场移至空旷处。处在火场中的容器若已变色或从安全泄压装置中产生声音,必须马上撤离。灭火剂:泡沫、干粉、二氧化碳、砂土等,用水灭火无效	
急救方法	皮肤接触	脱去污染的衣物,用肥皂水和清水彻底冲洗皮肤
	眼睛接触	提起眼睑,用流动清水或生理盐水冲洗后就医
	吸入	迅速脱离现场至空气新鲜处。保持呼吸道通畅。如呼吸困难,立刻输氧;如呼吸停止,立即进行人工呼吸后就医
	食入	饮足量温水,催吐后就医
泄漏处理	迅速撤离泄漏污染区人员至安全区,并进行隔离,严格限制出入;切断火源;建议应急处理人员戴自给正压式呼吸器,穿防毒服,尽可能切断泄漏源,防止流入下水道、排洪沟等限制性空间。 少量泄漏:用活性炭或其他惰性材料吸收;也可以用不燃性分散剂制成的乳液刷洗,洗液稀释后放入废水系统。 大量泄漏:构筑围堤或挖坑收容;用泡沫覆盖,降低蒸汽灾害;喷雾状水或泡沫冷却和稀释蒸汽,保护现场人员;用防爆泵转移至槽车或专用收集器内,回收或运至废物处理场所处置	

名 称	氯(有毒气体)
特性	液氯为黄绿色液体,在常压下即气化成黄绿色气体,有窒息性气味,可溶于水,气体有剧毒,液氯能引起严重灼伤。氯气在空气中不燃烧,但一般可燃物大都能在氯气中燃烧,一般易燃性气体或蒸汽都与氯气形成爆炸性混合物。氯气能与许多化学物品如乙炔、松节油、乙醚、氨气、燃料气、烃类、氢气、金属粉末等猛烈反应发生爆炸或生成爆炸性产物
健康危害	对眼、呼吸道黏膜有刺激作用。急性中毒,轻度者有流泪、咳嗽、咳少量痰、胸闷等症状,出现气管炎和支气管炎的表现;中度中毒发生支气管肺炎或间质性肺水肿,病人除有上述症状的加重外,还出现呼吸困难、轻度紫绀等;重者发生肺水肿、昏迷和休克,可出现气胸、纵隔气肿等并发症。吸入极高浓度的氯气,可引起迷走神经反射性心跳骤停或喉头痉挛而发生"电击样"死亡。皮肤接触液氯或高浓度氯,在暴露部位可有灼伤或急性皮炎。慢性影响:长期低浓度接触,可引起慢性支气管炎、支气管哮喘等;可引起职业性痤疮及牙齿酸蚀症
灭火方法	本品不燃。消防人员必须佩戴过滤式防毒面具(全面罩)或隔离式呼吸器、穿全身防火防毒服,在上风向灭火;切断气源;喷水冷却容器,可能的话将容器从火场移至空旷处。灭火剂:雾状水、泡沫、干粉

续上表

名 称	氯(有毒气体)	
急救方法	皮肤接触	立即脱去污染的衣物,用大量流动清水冲洗后就医
	眼睛接触	提起眼睑,用流动的清水或生理盐水冲洗后就医
	吸入	迅速脱离现场至空气新鲜处。呼吸心跳停止时,立即进行人工呼吸和胸外心脏按压术后就医
泄漏处理	迅速撤离泄漏污染区人员至上风处,并立即进行隔离,小泄漏时隔离150m,大泄漏时隔离450m,严格限制出入。建议应急处理人员戴自给正压式呼吸器,穿防毒服;尽可能切断泄漏源;合理通风,加速扩散;喷雾状水稀释、溶解;构筑围堤或挖坑收容产生的大量废水。如有可能,用管道将泄漏物导至还原剂(酸式硫酸钠或酸式碳酸钠)溶液,也可以将漏气钢瓶浸入石灰乳液中。漏气容器要妥善处理,修复、检验后再用	

名 称	二氧化硫(有毒气体)	
特性	无色气体,具有刺鼻恶臭,-10℃以下即行液化,有一定的水溶性,与水及水蒸气作用生成有毒及腐蚀性蒸汽。与氯酸盐、硝酸盐、金属钠、镁以及氟等接触可能引起燃烧、爆炸	
健康危害	易被湿润的黏膜表面吸收生成亚硫酸、硫酸。对眼及呼吸道黏膜有强烈的刺激作用。大量吸入可引起肺水肿、喉水肿、声带痉挛而致窒息。急性中毒:轻度中毒时,出现流泪、畏光、咳嗽、咽喉灼痛等症状;严重中毒可在数小时内发生肺水肿;极高浓度吸入可引起反射性声门痉挛而致窒息。皮肤或眼接触发生炎症或灼伤。慢性影响:长期低浓度接触,可有头痛、头昏、乏力等全身症状以及慢性鼻炎、咽喉炎、支气管炎、嗅觉及味觉减退等。少数人有牙齿酸蚀症	
灭火方法	不燃。若遇高热,容器内压增大,有开裂和爆炸的危险。消防人员必须佩戴过滤式防毒面具(全面罩)或隔离式呼吸器、穿全身防火防毒服,在上风向灭火;切断气源;喷水冷却容器,可能的话将容器从火场移至空旷处。灭火剂:雾状水、泡沫、二氧化碳	
急救方法	皮肤接触	立即脱去污染的衣物,用大量流动清水冲洗后就医
	眼睛接触	提起眼睑,用流动的清水或生理盐水冲洗后就医
	吸入	迅速脱离现场至空气新鲜处,保持呼吸道通畅。如呼吸困难,立刻输氧;如呼吸停止,立即进行人工呼吸后就医
泄漏处理	迅速撤离泄漏污染区人员至上风处,并立即进行隔离,小泄漏时隔离150m,大泄漏时隔离450m,严格限制出入。建议应急处理人员戴自给正压式呼吸器,穿防毒服;从上风处进入现场;尽可能切断泄漏源;用工业覆盖层或吸附/吸收剂盖住泄漏点附近的下水道等地方,防止气体进入;合理通风,加速扩散;喷雾状水稀释、溶解。构筑围堤或挖坑收容产生的大量废水。如有可能,用一捕捉器使气体通过次氯酸钠溶液。漏气容器要妥善处理,修复、检验后再用	

续上表

名 称	氰化氢(剧毒化学品)	
特性	易燃,高毒,无色气体或液体,有苦杏仁味。其蒸汽与空气可形成爆炸性混合物,遇明火、高热能引起燃烧爆炸。长期放置则因水分而聚合,聚合物本身有自催化作用,可引起爆炸	
健康危害	抑制呼吸酶,造成细胞内窒息。急性中毒:短时间内吸入高浓度氰化氢气体,可立即呼吸停止而死亡。非骤死者临床分为4期:前驱期有黏膜刺激、呼吸加快加深、乏力、头痛;口服有舌尖、口腔发麻等症状。呼吸困难期有呼吸困难、血压升高、皮肤黏膜呈鲜红色等症状。惊厥期出现抽搐、昏迷、呼吸衰竭等症状。麻痹期全身肌肉松弛,呼吸心跳停止而死亡。可致眼、皮肤灼伤,吸收引起中毒。慢性影响:神经衰弱综合征、皮炎	
灭火方法	切断气源。若不能切断气源,则不允许熄灭泄漏处的火焰。消防人员必须穿戴全身专用防护服,佩戴氧气呼吸器,在安全距离以外或有防护措施处操作。灭火剂:干粉、抗溶性泡沫、二氧化碳。用水灭火无效,但须用水保持火场容器冷却。用雾状水驱散蒸汽	
急救方法	皮肤接触	立即脱去污染的衣物,用流动的清水或5%硫代硫酸钠溶液彻底冲洗至少20min后就医
	眼睛接触	立即提起眼睑,用大量流动的清水或生理盐水彻底冲洗至少15min后就医
	吸入	迅速脱离现场至空气新鲜处。保持呼吸道通畅。如呼吸困难,立刻输氧;呼吸心跳停止时,立即进行人工呼吸(勿用口对口)和胸外心脏按压术,同时吸入亚硝酸异戊酯后就医
	食入	饮足量温水,催吐。用1:5000高锰酸钾或5%硫代硫酸钠溶液洗胃后就医
泄漏处理	迅速撤离泄漏污染区人员至安全区,并立即隔离150m,严格限制出入;切断火源;建议应急处理人员戴自给正压式呼吸器,穿防毒服;尽可能切断泄漏源;合理通风,加速扩散。喷雾状水稀释、溶解;构筑围堤或挖坑收容产生的大量废水。如有可能,应考虑将其引燃,以排除毒性气体的积聚,或将残余气或漏出气用排风机送至水洗塔或与塔相连的通风橱内。漏气容器要妥善处理,修复、检验后再用	
名 称	氰化钾(剧毒化学品)	
特性	白色等轴晶系块状物或粉末,易潮解,易溶于水、乙醇,微溶于甘油、甲醇、液氨中。剧毒,不会燃烧,干燥状态下没有气味。在空气中吸收水分和二氧化碳后逐渐分解,也能放出氰化氢而具有苦杏仁味。与氯酸盐和亚硝酸钠(钾)混合有发生爆炸的危险。接触皮肤或吸入微量粉末极易中毒,尤其是有破伤时接触可进入血液急速中毒死亡	

续上表

名　　称	氰化钾(剧毒化学品)
健康危害	抑制呼吸酶,造成细胞内窒息。吸入、口服或经皮吸收均可引起急性中毒。口服50~100mg即可引起猝死。非骤死者临床分为4期:前驱期有黏膜刺激、呼吸加深加快、乏力、头痛;口服有舌尖、口腔发麻等症状。呼吸困难期有呼吸困难、血压升高、皮肤黏膜呈鲜红色等症状。惊厥期出现抽搐、昏迷、呼吸衰竭等症状。麻痹期全身肌肉松弛,呼吸心跳停止而死亡。长期接触小量氰化物会出现神经衰弱综合征,刺激眼及上呼吸道,可引起皮疹、皮肤溃疡
灭火方法	本品不燃。发生火灾时应尽量抢救商品,防止包装破损,引起环境污染。消防人员须佩戴防毒面具、穿全身消防服,在上风向灭火。灭火剂:干粉、砂土。禁止用二氧化碳和酸碱灭火剂灭火

急救方法	皮肤接触	立即脱去污染的衣物,用流动的清水或5%硫代硫酸钠溶液彻底冲洗至少20min后就医
	眼睛接触	立即提起眼睑,用大量流动的清水或生理盐水彻底冲洗至少15min后就医
	吸入	迅速脱离现场至空气新鲜处。保持呼吸道通畅。如呼吸困难,立刻输氧;呼吸心跳停止时,立即进行人工呼吸(勿用口对口)和胸外心脏按压术,同时吸入亚硝酸异戊酯后就医
	食入	饮足量温水,催吐。用1:5000高锰酸钾或5%硫代硫酸钠溶液洗胃后就医

泄漏处理	隔离泄漏污染区,限制出入。建议应急处理人员戴防尘面具(全面罩),穿防毒服;不要直接接触泄漏物。少量泄漏:用洁净的铲子收集于干燥、洁净、有盖的容器中,也可以用次氯酸盐溶液冲洗,洗液稀释后放入废水系统。大量泄漏:用塑料布,帆布覆盖,然后收集回收或运至废物处理场所处置

名　　称	氰化钠(剧毒化学品)
特性	白色晶体,在空气中易潮解,有氰化氢的微弱臭味。溶于水,水溶液发生水解呈碱性,微溶于醇。剧毒,有腐蚀性。本身不会燃烧,遇酸即分解放出氰化物剧毒气体,露置空气中与水分和二氧化碳接触后,亦能缓慢生成剧毒气体。与氰酸盐、硝酸盐和亚硝酸盐反应强烈,有发生爆炸的危险。接触皮肤或吸入微量粉末极易中毒
健康危害	抑制呼吸酶,造成细胞内窒息。吸入、口服或经皮吸收均可引起急性中毒。口服50~100mg即可引起猝死。非骤死者临床分为4期:前驱期有黏膜刺激、呼吸加快加深、乏力、头痛等症状;口服有舌尖、口腔发麻等症状。呼吸困难期有呼吸困难、血压升高、皮肤黏膜呈鲜红色等症状。惊厥期出现抽搐、昏迷、呼吸衰竭等症状。麻痹期全身肌肉松弛,呼吸心跳停止而死亡。长期接触小量氰化物出现神经衰弱综合征、眼及上呼吸道刺激,可引起皮疹

续上表

名　　称	氰化钠(剧毒化学品)	
灭火方法	本品不燃。发生火灾时应尽量抢救商品,防止包装破损,引起环境污染。消防人员须佩戴防毒面具、穿全身消防服,在上风向灭火。灭火剂:干粉、砂土。禁止用二氧化碳和酸碱灭火剂灭火	
急救方法	皮肤接触	立即脱去污染的衣物,用流动的清水或5%硫代硫酸钠溶液彻底冲洗至少20min后就医
	眼睛接触	立即提起眼睑,用大量流动的清水或生理盐水彻底冲洗至少15min后就医
	吸入	迅速脱离现场至空气新鲜处。保持呼吸道通畅。如呼吸困难,立刻输氧。呼吸心跳停止时,立即进行人工呼吸(勿用口对口)和胸外心脏按压术,同时吸入亚硝酸异戊酯后就医
	食入	饮足量温水,催吐。用1:5000高锰酸钾或5%硫代硫酸钠溶液洗胃后就医
泄漏处理	隔离泄漏污染区,限制出入。建议应急处理人员戴防尘面具(全面罩),穿防毒服;不要直接接触泄漏物。小量泄漏:避免扬尘,用洁净的铲子收集于干燥、洁净、有盖的容器中。大量泄漏:用塑料布、帆布覆盖,然后收集回收或运至废物处理场所处置	

---- 任 务 实 施 ----

了解毒气事件应急处理

1. 任务组织

课前确定学习小组,每组4~6人,前往当地城市轨道交通地铁站参观学习;通过查找资料,搜集有关城市轨道交通毒气事件的案例,分析应急处理过程,并做成PPT课件,进行课堂汇报。

2. 学习资源与学习设备准备

学习资源:城市轨道交通毒气事件应急处理的案例、视频、图片(例如鱼骨图、动图、流程图等)。

学习设备:手机或电脑等。

3. 明确任务

以小组为单位,讨论城市轨道交通毒气事件的成因、特点、危害及一般应急处理程序。

4. 拓展提高

城市轨道交通毒气事件案例中涉及的课堂遗留问题。

5. 小组任务效果评价表（表7-2）

任务效果评价表　　　　　　　　　　　　　　　　　　表7-2

任务指标	评分要求	分值	得分
1.城市轨道交通毒气事件相关基础知识的掌握	根据掌握城市轨道交通毒气事件相关基础知识的情况，进行评分	20	
2.城市轨道交通毒气事件案例的典型性	根据是否有毒气事件案例，以及案例是否具有典型性进行评分	10	
3.城市轨道交通毒气事件的成因	根据是否有毒气事件案例的成因，以及成因是否有说服力进行评分	10	
4.城市轨道交通毒气事件的特点	根据是否有毒气事件案例的特点，以及特点是否有概括性进行评分	10	
5.城市轨道交通毒气事件的应急处理流程	根据是否有毒气事件的应急处理流程，以及流程分析思路是否清晰进行评分	20	
汇报效果评价	（1）礼仪规范及语言表达	10	
	（2）准备	10	
	（3）演讲掌控	10	
分项得分	自我评分（　　　） 小组评分（　　　） 教师评分（　　　）		
总分	总分 = 自我评分（　　　）×30% + 小组评分（　　　）× 40% + 教师评分（　　　）×30%		

任务二　毒气应急处理

一　城市轨道交通毒气袭击事件的相关知识

1. 城市轨道交通毒气袭击事件的概念

在地铁车站、列车等处发生毒气袭击，造成危及乘客人身安全、财产损失及重大社会影响的突发事故（件）。

2. 城市轨道交通毒气袭击事件的分类

毒气事件的分类主要根据事故发生的地点来分类,按照事故(件)发生地点可以分为车站毒气袭击和列车毒气袭击。

城市轨道交通发生毒气事故时,应迅速判断毒气的种类及其危害,各单位应按信息报告流程及时报告毒气事故发生地点、时间、汇报人姓名与职务、投毒事件起因及影响程度(乘客伤亡情况、中毒初步症状等)、事件概况等,并遵循"统一指挥、快速反应、各司其职、配合协同、以人为本、减少危害"的原则快速处置。

3. 城市轨道交通毒气袭击事件的特点

(1)发生突然、防救困难

地铁毒气事故的发生往往出乎预料,发生的时间、地点难以预料,令人防不胜防。而且有些毒物无色无味,看不见、摸不着,不易发现毒源,且毒性大、潜伏期短、作用快,可通过呼吸道、眼睛、皮肤等多途径中毒,严重中毒的伤员如不及时抢救就会在短时间内死亡。

(2)扩散迅速、危害范围广

有毒气体受风向和风速的影响,在空气中的扩散速度很快,在几分钟或几十分钟内即可扩散至几百米或数千米远,引起无防护人员中毒。

(3)污染环境、不易洗消

由于地铁站的通风条件不好,有毒气体在地铁站内容易滞留,作用时间长,一旦形成污染,洗消特别困难。

(4)社会涉及面广、影响公信度

毒气事故一旦发生,大量的人员必须疏散撤离,人们的生产、生活节奏将被打乱。尤其在地铁站,处置毒气事故更是需要各个部门的大力协作,若处置不当,会影响到出行者甚至沿线居民的生命安全,影响公众整体的信任度。

二 车站毒气应急处理原则及流程

车站毒气应急处置原则及措施见表7-3。

车站毒气应急处置原则及措施　　　　　表7-3

发生人员中毒(含有毒液体、有毒气体、化学毒剂等)	1. 人员安全保障:事发站立即停止服务,组织疏散乘客,通知车站人员(站务人员、驻站维修人员、保安人员、保洁人员、商铺人员等)撤离。 2. 撤离人员隔离:怀疑为化学毒剂袭击时,将疏散到站外安全地点的乘客及车站员工进行隔离,设置缓冲区,等待市专业部门处理。 3. 环控模式:按相关要求处理。 4. 行车安排:组织列车小交路运行。 可能情况下按《常见危险化学品应急处理和控制措施表》对受到伤害的人员进行急救

续上表

	液体泄漏且未发生人员中毒
少量泄漏	1. 人员安全保障:立即隔离事发区域,确认是否有人员中毒征兆,如没有,进行以下工作。 2. 泄漏物处理: (1)地面时:立即用沙土吸附泄漏液体,在其周边设置围挡,来不及时,使用干粉灭火器向液面喷洒(注意不能直接喷向液面),控制其扩散流动速度。再按《常见危险化学品应急处理和控制措施表》附表二在确保自身安全情况下,由值站组织抓紧清扫,尽快使用容器将泄漏物和其包装物转移至站外安全地点。或由总部有关专业人员、驻站公安赶到现场确认后进行处理。 (2)电梯时:运行至适当位置后,等轿厢门打开后,关停电梯,按发生在地面时的方法处理。通知机电人员断开其电源。 (3)电扶梯时:关停电扶梯,使用拖布、擦布清理。 (4)处理过程中,使用灭火器防护
大量泄漏	1. 人员安全保障:事发站立即停止服务,组织疏散乘客,通知车站人员(站务人员、驻站维修人员、保安人员、保洁人员、商铺人员等)撤离。 2. 确认是否有人员中毒征兆,如没有,进行以下工作。 3. 泄漏物处理:首先判断泄漏液体性质,在确保自身安全情况下(如为易燃液体,不能在其周围使用对讲机、手机等电子设备;如为酸、碱等强腐蚀物品,需穿防护服),立即用砂土吸附泄漏液体,在其周边设置围挡,来不及时,使用干粉灭火器向液面喷洒(注意不能直接喷向液面),控制其扩散流动速度。后续处理交由市专业部门。 4. 行车安排:组织列车小交路运行
	气体泄漏且未发生人员中毒
少量泄漏	1. 人员安全保障:立即隔离事发区域,确认是否有人员中毒征兆,如没有,进行以下处理。 2. 泄漏物处理:尽可能关闭其容器阀门,将其移至站外
大量泄漏	1. 人员安全保障:事发站立即停止服务,组织疏散乘客,通知车站人员(站务人员、驻站维修人员、保安人员、保洁人员、商铺人员等)撤离。 2. 泄漏物处理:在没有人员中毒征兆的情况下,尽可能关闭其容器阀门(注意不能携带对讲机、手机等电子设备),移至站外。如不能,可使用消防栓向泄漏区域喷洒水雾或将棉被等淋湿后,覆盖在其容器上。后续处理交由市专业部门。 3. 人员急救:可能情况下按相关规定对受到伤害的人员进行急救。 4. 行车安排:组织列车小交路运行

任务实施

掌握毒气事件应急处理

1. 任务组织

课前确定学习小组,每组4~6人,前往当地城市轨道交通地铁站参观学习;通过查找资料,搜集有关城市轨道交通毒气应急处理的案例,分析毒气应急处理过程,并做成PPT课件,进行课堂汇报。

2. 学习资源与学习设备准备

学习资源:城市轨道交通毒气应急处理的案例、视频、图片(例如鱼骨图、动图、流程图等)。

学习设备:手机或电脑等。

3. 明确任务

以小组为单位讨论城市轨道交通毒气应急处理程序及流程图。

4. 拓展提高

关于城市轨道交通毒气应急处理程序案例的课堂遗留问题。

5. 小组任务效果评价表(表7-4)

任务效果评价表 表7-4

任务指标	评分要求	分值	得分
1. 城市轨道交通毒气应急处理事件的具体案例	根据是否有毒气应急处理事件的具体案例,以及案例是否具有典型性进行评分	20	
2. 城市轨道交通毒气应急处理一般处理程序的条理清晰度	根据城市轨道交通毒气应急处理一般处理程序的条理清晰度进行评分	10	
3. 城市轨道交通毒气应急处理的一般处理程序的步骤是否完整	根据城市轨道交通毒气应急处理一般处理程序的完整程度进行评分	10	
4. 城市轨道交通毒气应急处理的一般处理程序是否符合逻辑	根据城市轨道交通毒气应急处理一般处理程序是否符合逻辑性进行评分	10	
5. 根据城市轨道交通毒气应急处理的一般处理程序,画出流程图	根据是否有流程图,以及流程图是否具有概括性进行评分	20	
汇报效果评价	(1)礼仪规范及语言表达	10	
	(2)准备	10	
	(3)演讲掌控	10	

续上表

任务指标	评分要求	分值	得分
分项得分	自我评分( ) 小组评分( ) 教师评分( )		
总分	总分 = 自我评分( ) × 30% + 小组评分( ) × 40% + 教师评分( ) × 30%		

综合演练

毒气应急处理

一、演练目的

(1)检查对突发毒气应急处理程序的掌握情况。

(2)检查各岗位对自己职责掌握的熟练程度。

(3)检查岗位之间信息沟通是否顺畅。

二、人员安排

(1)岗位人员:值班站长1名,行车值班员1名,客运值班员1名,站务员3名(厅巡、站台、票亭岗),相关工作人员1名(可以由一人或多人扮演站长、中毒乘客、行调等,负责接收相关信息)。

(2)观察人员:建议每个角色均有一名观察人员,记录岗位扮演人员的关键步骤和关键动作,以便演练完成后进行总结。

三、物资准备

扩音器、隔离带、告示牌、防毒面具。

四、情境假设

某日10:00左右,厅巡岗(站务员)在站厅发现现场有乘客晕倒并伴随刺激性气味,大量乘客反映有头晕、呕吐现象,立即将情况报车控室。

毒气事件应急处置原则

当在车站发生毒气事件时,我们该如何有效处置呢?

五、演练流程

(1)10:00,厅巡岗(站务员)在站厅发现现场有乘客晕倒并伴随刺激性气味,大量乘客反映有头晕、呕吐现象,立即将情况报车控室。

(2)10:01 值站确认车站发生毒气事件后,立即宣布执行毒气应急处理程序。

毒气事件应急处理关键点

执行毒气应急处理程序的关键点在哪里?

[提示]客伤应急处理时各个岗位行动指引见表7-5。

客伤应急处理时各个岗位行动指引　　　　表7-5

岗　位	行　动　指　引
厅巡岗 (站务员)	(1)闻到有刺激性的气味并发现异常后,马上报告车控室,戴上防毒面具做好防护,疏散周围的乘客; (2)查找根源,同时在附近寻找2名及以上目击证人,交给值班站长; (3)协助值班站长进行清客; (4)乘客及员工全部疏散、确认垂直电梯无人受困后,向车控室报告; (5)站内乘客疏散完毕后到紧急出入口集合
站台岗 (站务员)	(1)协助值班站长进行站台清客工作,组织乘客由站台楼梯、扶梯上站厅出站; (2)乘客及员工全部疏散到站厅后,向车控室报告站台疏散乘客完毕并到站厅协助疏散乘客到地面、确认垂直电梯有无困人; (3)站内乘客疏散完毕后到紧急出入口集合; (4)接到值班站长通知车站恢复正常后,到站台检查屏蔽门、扶梯等设备设施情况和线路情况,并向车控室报告,准备恢复运营
票亭岗 (站务员)	(1)接到执行毒气应急处理程序后,收好票款和车票,锁好票亭,打开边门; (2)将扶梯全部关停; (3)戴上防毒面具做好防护,到站台协助其清客工作,组织乘客由站台两端楼梯、扶梯上站厅出站; (4)待站台清客完毕后,到站厅协助其清客; (5)站厅清客完毕后,协助关闭各出入口(除紧急出入口),张贴"停止服务"告示,并报告客运值班员,到紧急出入口集合; (6)接到值班站长通知车站恢复正常后,检查AFC设备、各种服务设备设施是否正常并向车控室报告; (7)撤除停止服务的告示,打开出入口,引导乘客进站
客运值班员	(1)接到执行毒气应急处理程序后,赶到车控室,协助行车值班员;根据环调命令,确认大小系统及水系统运行停机模式; (2)确认车站是否全部释放;如闸机无法设为紧急模式,则将闸机配电箱电源关闭,确保闸机常开; (3)接到乘客疏散完毕的信息后,确认厅巡岗(票亭岗)已关闭各出入口(除紧急出入口); (4)到紧急出入口集合; (5)接到值班站长通知车站恢复正常后,检查AFC设备、各种服务设备设施是否正常并报车控室; (6)撤除"停止服务"的告示,打开出入口,引导乘客进站

续上表

岗　位	行　动　指　引
行车值班员	（1）接到行调或厅巡岗的通知后，马上通知值班站长到现场，并及时做好广播安抚乘客，加强 CCTV 监控，并报公安部门、行调，通知邻站扣车和请求人员支援； （2）接到值班站长宣布执行毒气应急处理程序后，释放车站闸机与门禁，马上利用全站广播反复进行全站广播，指引乘客、车站人员出站； （3）报 110、120、119，并向相关上级部门、领导汇报，安排车站人员到紧急出入口迎接 110、120、119 人员； （4）接到车站清客完毕的通知后，报告行调（留下联系方式），携带手机、800 兆手台，撤离到紧急出入口； （5）接到值班站长通知车站恢复正常后，检查车控室设备设施情况，向行调报告车站运营前的准备工作，并向行调了解行车运行恢复情况，报告值班站长； （6）通知各岗位员工，车站恢复正常运营
值班站长	（1）接到报告，戴上防毒面具做好防护后，迅速赶到现场； （2）宣布执行毒气应急处理程序，指挥车站做好乘客服务或疏散工作； （3）迅速组织人员封锁现场，将目击证人移交警方调查； （4）组织车站清客，加强与车控室、行调的联系，及时进行信息沟通； （5）最后确认全站清客完毕，并将现场移交给警方； （6）到紧急出入口清点员工人数，到齐后向车控室报告； （7）接到 OCC 恢复正常运营的通知后，马上组织恢复运营

需要满足哪些条件车站才能恢复正常运营？

（3）11:30，人员疏散完毕、中毒人员救治完毕，生化专家、特警专业等专业救援队伍对现场处置完毕，OCC 接到上级部门通知后，准许车站开始恢复正常运营。

（4）11:31，接到 OCC 恢复正常运营的通知后，值班站长组织开展车站恢复运营准备工作。

六、演练总结与评估

演练结束后，相关工作人员应组织总结会，总结会包括以下内容：

（1）岗位人员发言，总结演练过程中好的做法和存在的问题；

（2）观察员阐述观察情况，并对观察岗位进行点评；

（3）根据总结情况，形成演练评估报告，确定小组演练成绩。

七、演练评估报告

演练项目:毒气应急处理			
演练形式		演练总指挥	
演练时间		演练地点	
[演练背景]某日 10:00 左右,厅巡岗(站务员)在站厅发现现场有乘客晕倒并伴随刺激性气味,大量乘客反映有头晕、呕吐现象,立即将情况报车控室			
演练过程记录			
序号	时间	过程描述	存在的问题
1		厅巡岗(站务员)在站厅发现现场有乘客晕倒并伴随刺激性气味,大量乘客反映有头晕、呕吐现象,立即将情况报车控室	
2		值站确认车站发生毒气事件后,立即宣布执行毒气应急处理程序	
3		厅巡岗(站务员):	
4		站台岗(站务员):	
5		票亭岗(站务员):	
6		行车值班员:	
7		客运值班员:	
8		值班站长:	
9		人员疏散完毕、中毒人员救治完毕,生化专家、特警专业等专业救援队伍对现场处置完毕,OCC 接到上级部门通知后,准许车站开始恢复正常运营	
10		接到 OCC 恢复正常运营的通知后,值班站长组织开展车站恢复运营准备工作	
11		演练负责人确认各环节执行完毕,宣布演练结束	
演练总结			
好的方面: 不足方面:			
演练总体评价	□优秀	□良好	□合格 □不合格
参演人员签名:			

练习与思考

一、单选题

1. 毒气是指对( )有害的气体的统称。
   A. 细胞　　　　　　B. 动物　　　　　　C. 人　　　　　　D. 生物体
2. 一氧化碳属于( )。
   A. 天然毒气　　　　B. 化学毒气　　　　C. 含氯有机气体　　D. 以上都不是
3. 光气属于毒气具体分类中的( )。
   A. 天然毒气　　　　B. 化学毒气　　　　C. 含氯有机气体　　D. 以上都不是
4. 氯气的颜色是( )。
   A. 黄色　　　　　　B. 绿色　　　　　　C. 黄绿色　　　　　D. 无色
5. 二氧化硫的颜色是( )。
   A. 黄色　　　　　　B. 绿色　　　　　　C. 黄绿色　　　　　D. 无色
6. 氰化钾的颜色是( )。
   A. 白色　　　　　　B. 绿色　　　　　　C. 黄绿色　　　　　D. 无色
7. 氰化钠的颜色是( )。
   A. 白色　　　　　　B. 绿色　　　　　　C. 黄绿色　　　　　D. 无色

二、多选题

1. 毒气分为( )。
   A. 天然毒气　　　　B. 化学毒气　　　　C. 含氯有机气体　　D. 军用毒气
2. 以下天然气体中有毒的有( )。
   A. 一氧化碳　　　　B. 一氧化氮　　　　C. 二氧化碳　　　　D. 二氧化硫
   E. 氯气
3. 毒气进入人体的三个途径主要包括( )。
   A. 呼吸道　　　　　B. 皮肤　　　　　　C. 消化道　　　　　D. 神经系统
4. 根据事故发生的地点,城市轨道交通毒气袭击事件分为( )。
   A. 车站毒气袭击事件　　　　　　　　　B. 列车毒气袭击事件
   C. 天然毒气袭击事件　　　　　　　　　D. 化学毒气袭击事件
5. 城市轨道交通毒气袭击事件的特点主要包括( )。
   A. 发生突然、防救困难　　　　　　　　B. 扩散迅速、危害范围广
   C. 污染环境、不易洗消　　　　　　　　D. 社会涉及面广、影响公信度
6. 城市轨道交通毒气应急处理原则主要包括( )。
   A. 统一指挥、快速反应、各司其职、配合协同、以人为本、减少危害
   B. 有警必报的原则,任何人发现毒气袭击都应当立即报警
   C. 防控结合的原则,将预防与应急处置有机结合起来,力争实现早发现、早报告、早控制、早解决,最大限度地降低危害

D. 接到车站发生毒气袭击的通知后,及时赶赴站台,协助疏散乘客出站

三、简答题

1. 什么是城市轨道交通毒气袭击事件?
2. 简述城市轨道交通毒气事件的特点。
3. 城市轨道交通毒气应急处理的原则是什么?
4. 城市轨道交通毒气各岗位应急处理行动指引分别是什么?

项目八

突发公共卫生事件应急处理

1. 能够通过掌握突发公共卫生事件的定义以及满足条件,正确地判定公共卫生事件。
2. 能够根据各种类型突发公共卫生事件的概念及特点判定突发公共卫生事件的主要类型。
3. 能够了解重大传染病疫情、群体性不明原因疾病、重大食物中毒和职业中毒、其他严重影响公众健康事件的具体细分种类。
4. 能够判定突发公共卫生事件的分级级别。
5. 能够理解突发公共卫生事件的特点。
6. 能够合理运用城市轨道交通新型冠状肺炎防控具体措施进行疫情防控。
7. 能够理解城市轨道交通突发公共卫生事件特点进行科学公共卫生事件防控。
8. 能够理解城市轨道交通公共卫生事件的应急组织处理原则,在城市轨道交通公共卫生事件应急处理流程中遵守公共卫生事件的应急组织处理原则。
9. 能够运用城市轨道交通公共卫生事件应急处理流程正确处理城市轨道交通公共卫生事件。

案例导学

【案例经过】

2019年12月初人们发现新型冠状病毒,2020年1月23日武汉关闭离汉通道。病魔来袭时我们应该义无反顾地走到前线来。1月23日火神山医院筹建,2月2日正式交付!1月25日雷神山医院筹建,2月8日正式交付!2月3日武汉开建收治轻症患者的方舱医院。面对疫情,全国各地的支援纷纷前往武汉。2月9日来自其他省份的11架包机,近6000人同天抵达武汉。在国家需要我们的时候,我们义无反顾地站了出来。2月14日武汉保卫战、湖北保卫战全面总攻发起。3月1日武汉首个方舱医院正式休舱。3月10日武汉方舱医院全部休舱。3月17日首批49支援鄂医疗队共3787人离汉返程。3月18日湖北首次实现新增确诊病例零增长。4月8日凌晨12:00武汉市解除离汉离鄂通道管控措施。

来时迅速从容,别时安静有序。"赶往天河机场时,沿途车辆纷纷鸣笛致谢,途经各卡口工作人员全部敬礼向我们致敬,我的内心也格外激动。"陈旭回忆,在天河机场,特警们整齐划一的敬军礼场面十分壮观;"向英雄敬礼""感谢江苏,向您致敬"的声音震撼人心。

"在武汉的每个人,都在通过自己的方式为这座城市付出,为中国付出,大家坚强团结。"陈旭说,在武汉体育中心方舱医院,医务人员来自江苏省各地,每个人后背或者胸前都写着名字和地区,彼此却没时间交谈、熟悉,但就是这些临时组建的团队、临时组建的医院,托起了新冠肺炎患者的生命之舟。

"武汉这座城市的重生,有我们的付出。"如今的武汉,正在恢复往日的美好。已经结束 14 天隔离的陈旭,也将返回工作岗位,他期待下次再到武汉,看樱花绽放,看繁华依旧,到曾经战斗过的地方走一走。

4月8日,武汉解封。从武汉回来后,建湖县人民医院援鄂医生陈旭一直关注着这座英雄的城市。"看到我们战斗过的城市恢复往日的繁荣和美好,特别激动。"陈旭说。

身着白衣,心有锦缎。"关键时刻,作为医护人员必须站出来。"陈旭今年 35 岁,是江苏省第五批援湖北医疗队省队队员、建湖县人民医院心内科医生。2月8日深夜,接到驰援武汉的通知时,陈旭还在值夜班,他连家也没回,打电话让妻子收拾了行李,送到医院,直接出发赶往武汉。

在支援武汉的 38 天里,陈旭和战友们奋斗在武汉体育中心方舱医院。"只要病人康复出院,再苦再累,这一切都是值得的!"陈旭说,医护人员实行轮班制度,6 小时一班,长时间的工作,他们戴着的护目镜和面屏慢慢起雾,久了会形成水珠滴落下来,鼻梁和眉角也被压红起水泡,脸上被勒出一道道深深的印迹,每天连轴转高强度高负荷工作,导致防护服里层的衣服湿了又干,干了又湿。

【案例启示】

在面对新型冠状病毒肺炎这样来势迅猛、波及范围广的突发公共卫生事件时,我国政府本着对中国人民和世界人民生命安全及身体健康高度负责的态度,及时、公开、透明地发布疫情信息,客观报道疫情进展和政府采取的防控措施。同时,实事求是、科学宣传疫情防护知识,从中央到地方,在紧急情况下能合理地调配资源,这些都展现出了我国政府强大的动员能力和组织能力。

任务一 突发公共卫生事件相关基础知识

一 突发公共卫生事件概念

突发公共卫生事件是指造成或者可能造成社会公众健康严重损害的重大传染病疫情、群体性不明原因疾病、重大食物和职业中毒以及其他严重影响公众健康的事件。

若定义为突发公共卫生事件,需要满足以下几个条件:范围为一个社区(城市的居委会、农村的自然村)或以上;伤亡人数较多或可能危及居民生命安全和财产损失;如不采取有效控制措施,事态可能会进一步扩大。

需要政府协调多个部门参与,统一调配社会整体资源;必须动员公众群策、群防、群控,需要启动应急措施或预案。

二、突发公共卫生事件主要类型

1. 重大传染病疫情

（1）概念

重大传染病疫情指某种传染病在短时间内发生，波及范围广泛，出现大量的病人或死亡病例，其发病率远远超过常年的发病率水平，例如 SARS、流感、霍乱、炭疽等。

（2）特点

有病原体，有传染性和流行性，感染后常有免疫性，有些传染病还有季节性或地方性。

（3）分类

①按病原体分类可分为：

a. 细菌感染，如鼠疫、霍乱。

b. 病毒感染，如传染性非典型肺炎、狂犬病。

c. 蠕虫感染，如血吸虫病、丝虫病。

d. 原虫感染，如疟疾、溶组织阿米巴感染。

e. 立克次体感染，如流行性斑疹伤寒、恙虫病。

f. 螺旋体感染，如钩端螺旋体病、莱姆病。

g. 朊病毒感染，如库鲁病、克雅病。

②按传播途径分类可分为：

a. 经接触传播，如艾滋病、梅毒。

b. 经水和食物传播，如霍乱、伤寒。

c. 经空气传播，如流行性感冒、麻疹。

d. 经生物媒介传播，如疟疾、乙型脑炎。

e. 母婴垂直传播，如乙型肝炎。

目前我国传染病疫情分为甲类传染病（如鼠疫、霍乱病）、乙类传染病（如 2019 新冠肺炎）和丙类传染病三个类别。

2. 群体性不明原因疾病

群体性不明原因疾病指在短时间内，某个相对集中的区域内同时或者相继出现具有共同临床表现患者，且病例不断增加，范围不断扩大，又暂时不能明确诊断的疾病。

群体性不明原因疾病具有临床表现相似性、发病人群聚集性、流行病学关联性、健康损害严重性的特点。这类疾病可能是传染病（包括新发传染病）、中毒或其他未知因素引起的疾病，也可能是某种群体中毒或是群体性缺乏某种元素（一般是某个区域），例如克山病（主要缺乏硒元素）。

3. 重大食物中毒和职业中毒

重大食物中毒和职业中毒指由于食品污染和职业危害的原因而造成的人数众多或者伤亡较重的中毒事件。这里分别介绍食物中毒和职业中毒。

(1)食物中毒

①概念。

食物中毒指摄入了含有生物性、化学性有毒有害物质的食品或把有毒有害物质当作食品摄入后所出现的非传染性(不属传染病)急性、亚急性疾病。

食物中毒主要发病特征为:潜伏期短,发病突然,常呈爆发性;中毒者一般具有相似的临床症状,常常出现恶心、呕吐、腹痛、腹泻等消化道症状。

②分类。

食物中毒主要包括细菌性食物中毒、真菌毒素食物中毒、有毒动物食物中毒、有毒植物食物中毒、化学性食物中毒等。

(2)职业中毒

①概念。

职业中毒指劳动者在生产过程中接触生产性毒物而引起的中毒。

②分类。

职业中毒主要包括金属与类金属中毒(例如铅中毒、锰中毒)、刺激性气体中毒(例如臭氧中毒、甲醛中毒)、窒息性气体中毒(例如一氧化碳中毒、硫化氢中毒)、有机溶剂中毒(例如苯中毒、二氯乙烷中毒)、高分子化合物中毒(例如氯乙烯中毒、丙烯晴中毒)、农药中毒(例如杀虫剂中毒、鼠药中毒)等。

4. 其他严重影响公众健康事件

其他严重影响公众健康事件主要是指自然灾害、事故灾难、突发社会安全事件引发的健康问题。

其他严重影响公众健康事件主要有三恐事件(例如生物、化学、核辐射等恐怖袭击事件)、动物疫情(例如有潜在威胁的传染病动物宿主,媒介生物发生异常等)、其他严重影响公众健康和生命安全的事件(例如预防接种、预防性服药后出现群体性异常反应,传染病菌种、毒种丢失等)。

三 突发公共卫生事件分级

根据突发公共卫生事件性质、危害程度、涉及范围,突发公共卫生事件划分为特别重大(Ⅰ级)、重大(Ⅱ级)、较大(Ⅲ级)和一般(Ⅳ级)四级。

1. 特别重大(Ⅰ级)突发公共卫生事件

有下列情形之一的为特别重大(Ⅰ级)突发公共卫生事件:

(1)肺鼠疫、肺炭疽在大、中城市发生并有扩散趋势,或肺鼠疫、肺炭疽疫情波及2个以上省份,并有进一步扩散趋势。

(2)发生传染性非典型肺炎、人感染高致病性禽流感病例,并有扩散趋势。

(3)涉及多个省份的群体性不明原因疾病,并有扩散趋势。

(4)发生新传染病或我国尚未发现的传染病发生或传入,并有扩散趋势,或发现我国已消灭的传染病重新流行。

(5)发生烈性病菌株、毒株、致病因子等丢失事件。

(6)周边以及与我国通航的国家和地区发生特大传染病疫情,并出现输入性病例,严重危及我国公共卫生安全的事件。

(7)国务院卫生行政部门认定的其他特别重大突发公共卫生事件。

2. 重大(Ⅱ级)突发公共卫生事件

有下列情形之一的为重大(Ⅱ级)突发公共卫生事件:

(1)在一个县(市)行政区域内,一个平均潜伏期内(6天)发生5例以上肺鼠疫、肺炭疽病例,或者相关联的疫情波及2个以上的县(市)。

(2)发生传染性非典型肺炎、人感染高致病性禽流感疑似病例。

(3)腺鼠疫发生流行,在一个市(地)行政区域内,一个平均潜伏期内多点连续发病20例以上,或流行范围波及2个以上市(地)。

(4)霍乱在一个市(地)行政区域内流行,1周内发病30例以上,或波及2个以上市(地),有扩散趋势。

(5)乙类、丙类传染病波及2个以上县(市),1周内发病水平超过前5年同期平均发病水平2倍以上。

(6)我国尚未发现的传染病发生或传入,尚未造成扩散。

(7)发生群体性不明原因疾病,扩散到县(市)以外的地区。

(8)发生重大医源性感染事件。

(9)预防接种或群体性预防性服药出现人员死亡。

(10)一次食物中毒人数超过100人并出现死亡病例,或出现10例以上死亡病例。

(11)一次发生急性职业中毒50人以上,或死亡5人以上。

(12)境内外隐匿运输、邮寄烈性生物病原体、生物毒素造成我境内人员感染或死亡的。

(13)省级以上人民政府卫生行政部门认定的其他重大突发公共卫生事件。

3. 较大(Ⅲ级)突发公共卫生事件

有下列情形之一的为较大(Ⅲ级)突发公共卫生事件:

(1)发生肺鼠疫、肺炭疽病例,一个平均潜伏期内病例数未超过5例,流行范围在一个县(市)行政区域以内。

(2)腺鼠疫发生流行,在一个县(市)行政区域内,一个平均潜伏期内连续发病10例以上,或波及2个以上县(市)。

(3)霍乱在一个县(市)行政区域内发生,1周内发病10~29例或波及2个以上县(市),或市(地)级以上城市的市区首次发生。

(4)一周内在一个县(市)行政区域内,乙、丙类传染病发病水平超过前5年同期平均发病水平1倍以上。

(5)在一个县(市)行政区域内发现群体性不明原因疾病。

(6)一次食物中毒人数超过100人,或出现死亡病例。

(7)预防接种或群体性预防性服药出现群体心因性反应或不良反应。

(8)一次发生急性职业中毒10~49人,或死亡4人以下。

(9)市(地)级以上人民政府卫生行政部门认定的其他较大突发公共卫生事件。

4. 一般（Ⅳ级）突发公共卫生事件

有下列情形之一的为一般突发公共卫生事件（Ⅳ级）：

(1) 腺鼠疫在一个县（市）行政区域内发生，一个平均潜伏期内病例数未超过10例。

(2) 霍乱在一个县（市）行政区域内发生，1周内发病9例以下。

(3) 一次食物中毒人数30～99人，未出现死亡病例。

(4) 一次发生急性职业中毒9人以下，未出现死亡病例。

(5) 县级以上人民政府卫生行政部门认定的其他一般突发公共卫生事件。

四 突发公共卫生事件特点

突发公共卫生事件具有成因多样性、分布差异性、传播广泛性、治理综合性及危害复杂严重性等特点。

(1) 成因多样性：许多公共卫生事件与自然灾害、事故灾害及社会安全事件相关，通常还有动物疫情、致病微生物、药品危险、食物中毒等。

(2) 分布差异性：在时间分布上，不同的季节传染病的发病率也有不同；分布差异性还表现在空间分布差异上，如传染病的分布区域不一样各地发病率也不一样；此外还存在人群的分布差异等。

(3) 传播广泛性：现今全球化时代，某种疾病可以通过现代交通工具跨国流动。密闭空间下传染病具备以下三个基本流通条件，即传染源、传播途径以及易感人群，就可能无国界广泛传播（图8-1）。

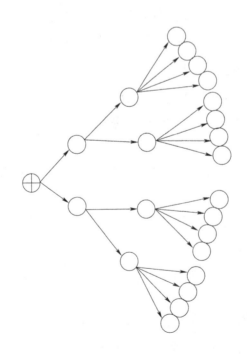

⊗ 传染源　　→ 传播途径　　○ 易感者

图8-1　传染病（含不明原因疾病）病毒蔓延流行图举例

五 城市轨道交通新型冠状肺炎防控措施

1. 城市轨道交通新型冠状肺炎防控措施总体要求和基本原则

处理好疫情防控和交通运输的关系,以科学、合理、适度、管用为原则,突出重点、统筹兼顾、分类指导、分区施策。严格落实各项防控措施,做好复工前评估,统筹推进运输和防控任务,外防输入,内防扩散。做到早发现、早报告,并配合有关机构做到早诊断、早隔离、早治疗。防止疫情在城市轨道交通场站及列车内传播,保障广大人民群众身体健康和生命安全。

2. 城市轨道交通新型冠状肺炎防控具体措施

(1)根据客流情况,合理组织运力,降低车厢拥挤度。

(2)在城市轨道交通站增加体温测量设备,对进站乘客进行体温检测,高于37.3℃的乘客应当在应急区域进行暂时隔离,再按照其他相关规范要求进行处理。

(3)增加城市轨道交通站公用设施和公共区域的消毒频次,卫生间和洗手池配备消毒液。站厅卫生间等公用设施配备速干手消毒剂,有条件时可配备感应式手消毒设施。

(4)列车每次出行载客前工作人员应当对车厢进行清洁消毒。

(5)加强设备巡检。保障站台和列车车厢通风系统正常运行。

(6)乘客与城市轨道交通运营服务人员必须佩戴口罩,保持安静,减少交流,打喷嚏时用纸巾遮住口鼻,或采用肘臂遮挡等措施。

(7)城市轨道交通车站宜配备消毒剂,站内或到站列车上的乘客呕吐时,采用消毒剂对呕吐物进行覆盖消毒,清除呕吐物并使用消毒剂进行物体表面消毒处理。

(8)在城市轨道交通站厅和列车车厢通过广播、视频、海报等开展卫生防护知识宣传。

任务实施

了解突发公共卫生事件应急处理

1. 任务组织

课前确定学习小组,每组4~6人,前往当地城市轨道交通地铁站参观学习;通过查找资料,搜集有关城市轨道交通突发公共卫生事件的案例,分析大客流的应急处理过程,并做成PPT课件,进行课堂汇报。

2. 学习资源与学习设备准备

学习资源:城市轨道交通突发公共卫生事件的案例、视频、图片(例如鱼骨图、动图、流程图等)。

学习设备:手机(或电脑、Pad等)。

3. 明确任务

以小组为单位讨论具体案例下城市轨道交通突发公共卫生事件的成因、特点、危害及一般应急处理程序。

4. 拓展提高

城市轨道交通突发公共卫生事件案例中涉及的课堂遗留问题。

5. 小组任务效果评价表（表8-1）

任务效果评价表　　　　　　　　　　　表8-1

任务指标	评分要求	分值	得分
1.城市轨道交通突发公共卫生事件基础知识的掌握	根据掌握城市轨道交通突发公共卫生事件基础知识的情况，进行评分	20	
2.城市轨道交通突发公共卫生事件案例的典型性	根据是否有突发公共卫生事件案例，以及案例是否具有典型性进行评分	10	
3.城市轨道交通突发公共卫生事件的成因	根据是否有突发公共卫生事件案例的成因，以及成因是否有说服力进行评分	10	
4.城市轨道交通突发公共卫生事件的特点	根据是否有突发公共卫生事件案例的特点，以及特点是否有概括性进行评分	10	
5.城市轨道交通突发公共卫生事件的应急处理流程	根据是否有突发公共卫生事件的应急处理流程，以及流程分析思路是否清晰进行评分	20	
汇报效果评价	（1）礼仪规范及语言表达	10	
	（2）准备	10	
	（3）演讲掌控	10	
分项得分	自我评分（　　　） 小组评分（　　　） 教师评分（　　　）		
总分	总分＝自我评分（　　　）×30%＋小组评分（　　　）×40%＋教师评分（　　　）×30%		

任务二　突发公共卫生事件应急处理

一　城市轨道交通突发公共卫生事件特点

（1）车站是相对封闭的环境，人群高度密集、流动性大，人群健康状况复杂，站厅和站台缺乏自然通风，室内污染物无法利用对流作用进行逸散，空气中各类物理、化学、生物污染物不易扩散。

（2）空气污染物、病原体可在隧道活塞风的作用下蔓延到列车和其他车站，造成交叉污染及污染物的远距离快速传播，将给乘客及工作人员的身体健康造成影响。

(3) 地下线内的各种设备及列车运行产生的噪声、有害气体、列车活塞效应对车站空气环境的扰动以及隧道内因潮湿所造成的霉烂气味等都会使地下环境不断恶化。

二、城市轨道交通突发公共卫生事件防护目的与防护措施

1. 城市轨道交通突发公共卫生事件防护目的

(1) 预防和控制突发传染病疫情(含不明原因疾病)的流行和传播。

(2) 避免或减少突发传染病(含不明原因疾病)疫情时发生的染病人员或疑似染病人员的伤亡。

(3) 确保员工在突发重大、特大传染病(含不明原因疾病)疫情时能采取正确而有效的行动。

2. 城市轨道交通突发公共卫生事件防护措施

(1) 为保证新风采气口的设置所吸入的空气为室外新鲜空气,尽量保证新风采气口远离建筑物排风口。

(2) 定期对空调系统的过滤器(网)、表冷气、冷凝水盘进行全面检查、清洗或更换。经常擦洗空调房间内的送风口、排风口,保持表面清洁;保持空调系统的机房干燥清洁,严禁堆放无关物品。

(3) 定期使用消毒水清洁车辆。

(4) 定期清洁车站的闸机、售票亭、售票机、电扶梯等公共设施。

(5) 对车辆、车站、办公场所等定期消毒。

(6) 做好食物的储存和使用并定期消毒餐具。

(7) 车站等直接对外服务的人员需持健康证上岗并定期培训。

(8) 车站工作人员在日常工作生活中要保持健康的生活方式和积极的心态,合理摄取营养,加强锻炼身体,提高自身免疫力。疫情蔓延期间,要关注疫情传播情况,学习疫情的有关知识。

(9) 车站工作人员在日常工作中要按管理规定正确使用劳动防护用品,在做好个人防护的前提下开展作业。在应急处置中,需要配备必须的防护用品,防止发生次生事故。

三、城市轨道交通突发公共卫生事件应急处理基本原则

1. 以人为本,科学决策

发生突发卫生事件,贯彻"安全第一,生命至上"的要求,积极采取措施最大限度地减少人员伤亡和财产损失。运用先进技术,充分发挥专家作用,实行科学民主决策。

2. 统一指挥,分级负责

参与应急救援的单位及个人,在应急指挥机构的统一指挥下,实现逐级负责,做到各司其职、分级负责。

3. 各负其责,分工协作

突发事件发生后,事发部门积极进行自救,分公司各有关部门要主动配合、密切协作、信息共享、形成合力,保证突发事件信息的及时准确传递,突发事件的处置快速有效,努力实现分公司与公司、政府部门之间的协调联动。

4. 快速反应

各个环节应坚持快速高效原则,建立反应灵敏、灵活应对机制,健全及时完整、高效监测的预警体系,及时获取充分而准确的信息,跟踪研判,果断决策,迅速调动各类资源处置突发事件,为避免或最大限度地减少突发事件造成的损失提供保障。

5. 安全有序

发生突发事件,应迅速调动分公司的所有资源和力量,迅速启动应急预案,落实应急措施,相关人员要统一服从指挥、调度,做到有组织、有纪律、有秩序地进行,避免惊慌与混乱。

6. 预防为主

加强公众乘客、全体员工公共卫生意识的宣传和教育,落实日常的公共卫生管理工作,加强公共场所卫生的检查工作,落实公共卫生管理制度。

四 城市轨道交通突发公共卫生事件的应急处理程序

不同类型突发公共卫生事件采取不同的应急处理程序。

1. 列车/车站出现传染病疫情、群体性不明原因疾病的处理程序(表8-2)

列车/车站出现传染病疫情、群体性不明原因疾病的处理程序　　表8-2

步骤	事件类别	行　动
1	列车/车站出现传染病疫情(含不明原因疾病)	向OCC了解是否已经报120、人员伤亡、现场处理情况;调出监控视频设备及HMI,跟进事件进展
2		向线网各OCC通报并发布应急抢险指令(在换乘站发生第一时间相邻线路OCC)
3		通报地铁公安指挥室
4		通报线网应急指挥中心经理
5		发布"企信通"信息(含事件通报、抢险指令)
6		向总部分管副总经理通报抢险信息
7		视情况发布线网PIDS信息
8		通报: (1)总部办公室主任; (2)总公司办公室主任; (3)总部党群工作部部长; (4)地方交通电台(造成15min以上晚点时的运营信息)
9		调出监控视频设备及HMI,跟进事件进展
10		视情况发送乘客手机短信
11		根据现场指挥部要求: (1)协调抢险物资; (2)协调抢险人员
12		根据现场处理情况及时发布"企信通"和更新PIDS信息、乘客手机短信

2. 公共场所集中空调通风系统突发卫生事件应急处理程序

(1) 公共场所集中空调通风系统公共卫生突发事件的范围：

①空气传播性疾病在本地区暴发流行期间。

②卫生行政部门发布预防空气传播性疾病而启动应急处理预案期间。

(2) 公共场所集中空调通风系统公共卫生突发事件应急处置措施：

①集中空调通风系统导致或者可能导致空气传播性疾病时，应当及时关闭所涉及区域的集中空调通风系统，并按照当地卫生行政部门的要求对公共场所及其集中空调通风系统进行消毒处理。

②按照新风量不得低于每人每小时 $30m^3$，以循环回风为主，新风、排风为辅的全空气空调系统，在疫情期内，采用全新风运行，以防止交叉感染。

③采用专用新风、排风系统换气通风的空气—水空调系统，应按最大新风量运行，且新风量不得低于卫生标准（每人每小时 $30m^3$）。达不到标准者应通过合理开启门窗，加强通风换气，以获取足额新风量。

④在疫情期内，全空气空调系统与空气—水空调系统宜在每天空调启用前或关停后，让新风和排风机多运行 1h，以改善空调房间室内外空气流通。

⑤空调系统运行前必须对过滤网以及站台、站厅的送、回风口进行清洗、消毒或更换。

⑥在疫情期内，下列空调系统宜停止使用：既不能全新风运行，又没有对回风或送风采取消毒措施的全空气空调系统；既不设新风，又不能开窗通风换气的空气—水空调系统（风机盘管空调系统）；既不能开启外窗，又不设新、排风系统的房间内的空调器（机）。

⑦车辆使用消毒水清洁，每天消毒。

⑧车站 2 天全部消毒 1 次；闸机、售票亭、售票机每天消毒，回收的单程票每 2 天消毒 1 次；车站均使用消毒水进行日常清洁。

⑨车辆段食堂、卫生所、司机公寓 2 天消毒 1 次。

⑩车辆段除上述地点外的所有工作场所每周消毒 1 次。

3. 重大食物中毒应急处理程序

(1) 及时掌握员工健康状况，一旦发生分公司食物中毒或可疑食物中毒时，现场指挥组和各部门应立即采取措施，防止事态扩大化。

(2) 综合部安排食堂立即停止食品加工出售活动，并在第一时间报告当地卫生和公安等部门。

(3) 立即报 120 将中毒员工送往医院，并协助医疗机构救治病人。

(4) 保留造成食物中毒或者可能导致食物中毒的食品及其原料、现场，待确认后交卫生、公安部门处理。

(5) 积极配合卫生、公安部门进行调查，并按其要求如实提供有关材料。

(6) 落实卫生部门要求采取的其他措施，并妥善处理善后事宜，维持分公司正常的运作。

(7)配合卫生部门分析引起食物中毒的原因,总结经验教训,提出整改意见,杜绝类似事件再次发生。

4. 重大职业中毒应急处理程序

(1)控制危险源

如是毒物泄漏造成职业危害事件,应及时控制造成事件的危险源,尽快组织应急抢险队和事发部门技术人员一起及时堵源。

(2)查明事件原因

应尽快检测中毒的化学物质及其浓度,测出事件的危害区域,提供有关数据。迅速查明事件原因、危害程度及波及范围,制订救援方案。

(3)控制事件现场

如是固体或液体毒物,应立即停止作业;如是气体和液体毒物泄漏,应停止作业,尽快堵塞;如是易燃易爆等危险性化学物质,同时应防火防爆,灭火救险。还要封存造成职业危害事件的材料、设备和工具等。

(4)抢险受害人员

在采取安全防护措施时,救援人员迅速将中毒者救出现场,尽快将其移至上风向或空气新鲜的场所,保持呼吸道畅通,脱去被污染的衣服,用清水冲洗污染的皮肤和眼睛,采取紧急措施,施行心肺复苏,立即在监护下送往医疗机构进行治疗。

(5)组织作业人员撤离

疏通应急撤离通道时应标识清楚,组织作业人员撤离,如果泄漏毒物的弥散、流动具有方向性和规律性,可以根据需要,按照毒物的流向,在远离人群、重要财产设施和相对较为安全的地方设置泄险区,用于吸纳、消除、处理毒物,减少事件造成的伤亡和损失。应急人员的安全防护:考虑毒物的弥散和流动,应急救援人员应根据毒物的性质和可能浓度采取个人防护;佩戴好防毒面具、防毒服等;采用一定的通风设施和报警装置,备用应急照明、现场急救用品、洗眼器、淋浴装置等设施。非应急救援人员不要进入中毒现场。医务人员可在相对安全区域紧急抢救伤者。同时对遭受或者可能遭受中毒的救援人员及时组织救治,进行健康检查和医学观察。

(6)群众的安全防护

采取必要的防护措施,组织群众顺着撤离通道撤离事件现场,对遭受或者可能遭受职业危害事件的群众及时组织救治,进行健康检查和医学观察。

任 务 实 施

掌握突发公共卫生事件应急处理

1. 任务组织

课前确定学习小组,每组4~6人,前往当地城市轨道交通地铁站参观学习;通过查找资料,搜集有关城市轨道交通突发公共卫生事件的案例,分析突发公共卫生事件的应急处理过程,并做成PPT课件,进行课堂汇报。

2. 学习资源与学习设备准备

学习资源:城市轨道交通突发公共卫生事件应急处理的案例、视频、图片(例如鱼骨图、动图、流程图等)。

学习设备:手机或电脑等。

3. 明确任务

以小组为单位讨论各种条件下城市轨道交通突发公共卫生事件的成因、特点、危害及对应情况下城市轨道交通突发公共卫生应急处理的一般程序。

4. 拓展提高

课堂上关于城市轨道交通突发公共卫生事件应急处理案例的遗留问题。

5. 小组任务效果评价表(表8-3)

任务效果评价表　　　　　　表8-3

任务指标	评分要求	分值	得分
1.城市轨道交通突发公共卫生事件应急处理的具体案例	根据是否有突发公共卫生事件应急处理的案例,以及案例是否具有典型性进行评分	20	
2.城市轨道交通突发公共卫生应急处理程序的条理清晰度	根据城市轨道交通突发公共卫生应急处理一般处理程序的条理清晰度进行评分	10	
3.城市轨道交通突发公共卫生应急处理程序的步骤是否完整	根据城市轨道交通突发公共卫生应急处理一般处理程序的完整程度进行评分	10	
4.城市轨道交通突发公共卫生应急处理程序是否符合逻辑性	根据城市轨道交通突发公共卫生应急处理一般处理程序是否符合逻辑性进行评分	10	
5.根据城市轨道交通突发公共卫生应急处理程序,画出流程图	根据是否有流程图,以及流程图的完整性进行评分	20	
汇报效果评价	(1)礼仪规范及语言表达	10	
	(2)准备	10	
	(3)演讲掌控	10	
分项得分	自我评分(　　) 小组评分(　　) 教师评分(　　)		
总分	总分 = 自我评分(　　)×30% + 小组评分(　　)×40% + 教师评分(　　)×30%		

综合演练

公共卫生事件应急处理

一、演练目的

(1)检查对公共卫生事件应急处理程序的掌握情况。

(2)检查各岗位对自己职责掌握的熟练程度。

(3)检查岗位之间信息沟通是否顺畅。

(4)根据演练流程完成演练评估报告。

二、人员安排

(1)岗位人员:值班站长1名,行车值班员1名,客运值班员1名,站务员1名(厅巡),相关工作人员1名(可以由一人或多人扮演安检、值班站长、感染乘客、行调等,负责接收相关信息)。

(2)观察人员:建议每个角色均有一名观察人员,记录岗位扮演人员的关键步骤和关键动作,以便演练完成后进行总结。

三、物资准备

隔离带、告示牌、测温计、屏风、防护口罩、防护手套。

四、情境假设

在新冠疫情防控期间,某日15:00左右,一位进站乘客在接受安检时对其进行体温测量,温度为38.3℃,伴随有干咳、呼吸困难、肌肉酸痛无力等症状,符合新冠肺炎感染症状,疑似为新冠肺炎感染者,立即报车控室。

公共卫生事件应急处置原则

> 思考
>
> 当在车站发生公共卫生事件时,我们该如何有效处置呢?

公共卫生事件应急处理关键点

五、演练流程

(1)15:00,一位进站乘客在接受安检时对其进行体温测量,温度为38.3℃,伴随有干咳、呼吸困难、肌肉酸痛无力等症状,符合新冠肺炎感染症状,疑似为新冠肺炎感染者,立即报车控室。

(2)15:01,值班站长到场确认后,宣布执行公共卫生事件应急处理程序。

> 思考
>
> 执行公共卫生事件应急处理程序的关键点在哪里?

[提示]公共卫生事件应急处理时各个岗位行动指引见表8-4。

公共卫生事件应急处理时各个岗位行动指引　　　　表8-4

岗　位	行　动　指　引
厅巡岗 (站务员)	1. 做好自身防护,配合值站将疑似感染者送到车站临时隔离区; 2. 医务人员到场后,及时配合处置; 3. 听从值站安排

续上表

岗 位	行 动 指 引
客运值班员	1. 做好自身防护,在临时隔离区域外值守,防止乘客接近造成二次感染; 2. 医务人员到场后,及时配合处置; 3. 听从值站安排
行车值班员	1. 立即报120,请求驻站公安支援,并向相关上级部门、领导汇报; 2. 通知保洁对疑似感染者滞留过的区域及接触过的设备设施进行消毒处理; 3. 报告环调,加强站厅通风; 4. 医护人员将疑似感染者接走后,需要做好跟踪工作,若确诊,需要向相关上级部门、领导汇报
值班站长	1. 宣布执行公共卫生事件应急处理程序,组织进行现场处理及指挥工作; 2. 做好自身防护,请求驻站公安支援,对疑似感染者进行快速临时隔离,并做好登记; 3. 医务人员到场后,及时配合处置; 4. 医护人员将疑似感染者接走后,需要做好跟踪工作,若确诊,需要向相关上级部门、领导汇报,密切接触人员需按要求做好隔离

疑似感染乘客确诊后,车站后续要如何做好疫情防控工作?

(3)15:45,保洁已对疑似感染乘客滞留过的区域及接触过的设备设施彻底进行消毒处理,疑似感染乘客被医护人员接走。

(4)18:00,车站接到120通知,疑似感染乘客已确诊。车站按要求向相关上级部门、领导汇报,通知保洁对车站各区域进行彻底消毒,通知环调加强车站通风,密切接触人员按要求做好隔离,并听从市疾控预防中心的安排和处理。

六、演练总结与评估

演练结束后,相关工作人员应组织总结会,总结会包括以下内容:
(1)岗位人员发言,总结演练过程中好的做法和问题;
(2)观察员阐述观察情况,并对观察岗位进行点评;
(3)根据总结情况,形成演练评估报告,确定小组演练成绩。

七、演练评估报告

演练项目:公共卫生事件应急处理演练			
演练形式		演练总指挥	
演练时间		演练地点	
[演练背景]15:00,一位进站乘客在接受安检时对其进行体温测量,温度为38.3℃,伴随有干咳、呼吸困难、肌肉酸痛无力等症状,符合新冠肺炎感染症状,疑似为新冠肺炎感染者,立即报车控室。			

续上表

演练过程记录			
序号	时间	过程描述	存在的问题
1		一位进站乘客在接受安检时对其进行体温测量,温度为38.3℃,伴随有干咳、呼吸困难、肌肉酸痛无力等症状,符合新冠肺炎感染症状,疑似为新冠肺炎感染者,立即报车控室	
2		值班站长到场确认后,宣布执行公共卫生事件应急处理程序	
3		厅巡岗(站务员):	
4		行车值班员:	
5		客运值班员:	
6		值班站长:	
7		保洁已对疑似感染者滞留过的区域及接触过的设备设施彻底进行消毒处理,疑似感染乘客被医护人员接走	
8		车站接到120通知,疑似感染者已确诊。车站按要求向相关上级部门、领导汇报,通知保洁对车站各区域进行彻底消毒,通知环调加强车站通风,密切接触人员按要求做好隔离,并听从市疾控预防中心的安排和处理	
9		演练负责人确认各环节执行完毕,宣布演练结束	
演练总结			

好的方面:

不足方面:

演练总体评价	□优秀　　□良好　　□合格　　□不合格
参演人员签名:	

练习与思考

一、单选题

1. 突发公共卫生事件是指造成或者可能造成（　　）的重大传染病疫情、群体性不明原因疾病、重大食物和职业中毒以及其他严重影响公众健康的事件。
   A. 严重损害　　　　　　　　　　　B. 社会公众健康
   C. 社会公众健康严重损害　　　　　D. 社会严重损害

2. 流感属于（　　）。
   A. 重大传染病疫情　　　　　　　　B. 群体性不明原因疾病
   C. 重大食物中毒和职业中毒　　　　D. 其他严重影响公众健康事件

3. 新型冠状病毒肺炎属于（　　）。
   A. 重大传染病疫情　　　　　　　　B. 群体性不明原因疾病
   C. 重大食物中毒和职业中毒　　　　D. 其他严重影响公众健康事件

4. 摄入了含有生物性、化学性有毒有害物质的食品或把有毒有害物质当作食品摄入后所出现的非传染性（不属传染病）急性、亚急性疾病的叫（　　）。
   A. 职业中毒　　　　　　　　　　　B. 群体性不明原因疾病
   C. 食物中毒　　　　　　　　　　　D. 流感

5. 职业中毒是指劳动者在（　　）中接触生产性毒物而引起的中毒。
   A. 生产过程　　B. 生活　　C. 起居　　D. 饮食过程

6. 在城市轨道交通站增加体温测量设备，对进站乘客进行体温检测，高于（　　）的乘客应当在应急区域进行暂时隔离，再按照其他相关规范要求进行处理。
   A. 36.8℃　　B. 37℃　　C. 37.3℃　　D. 37.5℃

7. 下列选项中，不属于城市轨道交通突发公共卫生事件防护目的的是（　　）。
   A. 预防和控制突发传染病疫情（含不明原因疾病）的流行和传播
   B. 避免或减少突发传染病（含不明原因疾病）疫情时发生的染病人员或疑似染病人员的伤亡
   C. 确保员工在突发重大、特大传染病（含不明原因疾病）疫情时能采取正确而有效的行动
   D. 对车辆、车站、办公场所等定期消毒

二、多选题

1. 重大传染病疫情的特点包括（　　）。
   A. 有病原体　　　　　　　　　　　B. 传染性和流行性
   C. 感染后有免疫性　　　　　　　　D. 季节性和地方性

2. 突发公共卫生事件一般包括（　　）。
   A. 重大传染病疫情事件　　　　　　B. 群体性不明疾病事件
   C. 重大食物中毒和职业中毒事件　　D. 其他严重影响公众健康事件

3. 重大食物中毒和职业中毒是由于哪些原因而造成的人数众多或者伤亡较重的中毒事件( )。
   A. 食品污染　　　B. 职业危害　　　C. 病毒　　　D. 传染病
4. 根据突发公共卫生事件性质、危害程度、涉及范围，突发公共卫生事件划分为( )。
   A. 特别重大（Ⅰ级）　　　　　　B. 重大（Ⅱ级）
   C. 较大（Ⅲ级）　　　　　　　　D. 一般（Ⅳ级）
   E. 普通（Ⅴ级）
5. 突发公共卫生事件特点主要包括( )。
   A. 成因多样性　　　　　　　　B. 分布差异性
   C. 传播广泛性　　　　　　　　D. 治理综合性
   E. 危害复杂严重性
6. 城市轨道交通突发公共卫生事件的特点包括( )。
   A. 车站是相对封闭的环境，人群高度密集、流动性大，人群健康状况复杂，站厅和站台缺乏自然通风，室内污染物无法利用对流作用进行逸散，空气中各类物理、化学、生物污染物不易扩散
   B. 空气污染物、病原体可在隧道活塞风的作用下蔓延到列车和其他车站，造成交叉污染及污染物的远距离快速传播，将给乘客及工作人员的身体健康造成影响
   C. 地下线内的各种设备及列车运行产生的噪声、有害气体、列车活塞效应对车站空气环境的扰动以及隧道内因潮湿所造成的霉烂气味等都会使地下环境不断恶化
   D. 发生突发卫生事件，贯彻"安全第一，生命至上"的要求，积极采取措施最大限度地减少人员伤亡和财产损失。运用先进技术，充分发挥专家作用，实行科学民主决策
7. 城市轨道交通突发公共卫生事件应急处理基本原则主要包括( )。
   A. 以人为本，科学决策　　　　B. 统一指挥，分级负责
   C. 各负其责，分工协作　　　　D. 快速反应
   E. 安全有序　　　　　　　　　F. 预防为主

三、简答题

1. 突发公共卫生事件的定义是什么？
2. 突发公共卫生事件的特点有哪些？
3. 城市轨道交通突发公共卫生事件应急处理的基本原则是什么？
4. 进行城市轨道交通突发公共卫生事件防护的目的与防护措施分别是什么？
5. 各种情况下的城市轨道交通突发公共卫生事件的应急处理程序分别是什么？

项目九

媒体事件应急处理

1. 能够理解应对媒体的基本知识。
2. 通过掌握媒体发布基本要求,能够学会正确面对媒体。
3. 熟悉掌握接受记者采访的基本注意事项。

【案例经过】

2011年7月23日20时30分05秒,甬温线浙江省温州市境内,由北京南站开往福州站的D301次列车与杭州站开往福州南站的D3115次列车发生动车组列车追尾事故,造成40人死亡、172人受伤,中断行车32小时35分,造成直接经济损失19371.65万元。

由于事故现场是一片池塘,为了更好地进行事故救援,铁路部门制订了将破损车体就地掩埋,构筑一个临时救援平台的应急救援方案。7月24日下午,事故已经过去了20个小时,铁路部门宣布,事故现场没有生命体征,就将高铁列车进行分解。17:20,在列车解体过程中,年仅2岁零8个月的小女孩奇迹般地获救了,成为"7·23"甬温线动车追尾事故的最后一名获救者,此举引发广大媒体关注。

当晚,铁道部在温州举行新闻发布会。铁道部新闻发言人回应"掩埋车体主要为抢险",面对媒体的质疑,为了拉近与媒体的距离,他说出了诙谐的语言:"至于你信不信,我反正信了"。

对于小女孩获救这一信息,新闻发言人当时在准备新闻发布会,并不在救援现场,所以,未掌握这一信息,当记者问及这个情况时,他引用了汶川地震时媒体说得最多的一句话:"这只能说是生命的奇迹"。

之后,铁道部发布的关于事故伤亡人数、事故原因等消息,并没能有效缓解民众的忧虑和质疑。网民借助网络讨论,寻求真相,微博、博客的用户则大量转发事故相关信息。发布会上的"至于你信不信,我反正信了""这只能说是生命的奇迹",这些个性语言,引发舆论争论。

【相关分析】

铁道部是一个应急救援机制非常成熟和完善的部门。面对事故,铁路的一贯原则是"先通后复",保证运输大动脉的畅通。铁路部发言人是一位非常优秀的发言人,曾经驳斥日本记者"中国高铁偷了日本的技术"而一战成名,但是,这次事故的新闻发布会不太成功。

第一,当今世界已经进入了新媒体时代,信息传播速度相当迅速。

甬温线动车事故期间,以微博为代表的新媒体充当了重要的大众传播媒介和人际传播媒介的功能。甬温线动车事故发生后,全国广大的微博用户以此为平台,表达对死难者家属的关心与安慰,讨论事故缘由,还有网民通过微博向有关部门的善后工作献计献策。但是,新媒体平台的传播存在一些不良信息。在事故突发早期,在信息不畅、情况不明的情形下,新媒体就成为交换小道消息的主要渠道,这些消息容易被夸张而变得不确切,甚至带有恶意的蛊惑与煽动。

第二,主要沟通渠道缺失,造成话语被动,激化了民众的情绪。

这次事件中,微博成为讨论的主阵地,5天之内,新浪微博关于甬温线动车事故的讨论内容高达2841468条(数据还不包括媒体删除内容)。但是,铁道部在这个阵地上始终缄口不言,沉默应对,因为,当时铁道部没有自己的官方微博。

第三,面对媒体和公众的质疑,铁道部没有足够的重视,没有主动进行危机处理。

铁道部第一次新闻发布会于事故发生26个小时后才举行,随后4天再没有来自铁道部官方发布的消息。公众对拆车身、埋车头这些处理工作产生的大量疑问得不到及时解答,于是各种猜测、谣言开始泛滥。直到国务院要求铁道部给人民一个负责任的交代,铁道部才于7月29日通过答新华社记者问的方式,再次发布了事故救援的一些官方信息,解答了部分民众关注的话题。但是,为时已晚,公众质疑、不满的情绪早已被激化。

【案例启示】

地铁发生应急事件后,公众急需要了解情况,此时,媒体成了地铁公司与公众沟通的桥梁。

(1)把人民的生命财产安全放在首位,主动承担责任。
(2)及时透明地公布危机真相,掌握传播主动权,不要让谣言漫天飞。
(3)要避免与公众和媒体产生冲突,态度要谦虚诚恳。
(4)注重事故后恢复信任,方能转"危"为"机"。

【案例思考】

地铁应急事件发生后,地铁公司应该怎样面对媒体?

任务一 媒体事件应对相关基础知识

一 媒体的概念

媒体是指传播信息的媒介。传统的四大媒体分别为电视、广播、报纸、期刊。互联网新媒体包括网络电视、博客、播客、视频、微信、抖音、电子杂志等。

二 媒体的特性

（1）真实性原则。真实是新闻的第一原则。

（2）客观性原则。媒体在新闻报道时，应坚持客观、公正的原则，力求全面地看问题，防止主观性、片面性、绝对化。

（3）公平性原则。不管性别、种族、出身、职业、宗教信仰的差别，社会各个阶层的人都应该享有平等的媒体待遇。也就是说，媒体公平就是要最大限度地反映客观社会，媒体公平的本质特征就是"客观真实"。

（4）导向性原则。这是媒体的根本性原则。媒体如何对危机进行报道，报道当中所持何种态度，这些都将对公众产生直接的影响。应注重和媒体关系建设，与媒体保持良好的关系，在不破坏新闻报道原则的前提之下，尽可能减少负面评价。

三 进行媒体应对

当地铁企业发生突发事件后，企业与公众的关系将发生一系列危机，我们称为公关危机，所以，公关危机处置也是应急处置的一部分。

公关危机导致地铁企业与公众之间关系严重恶化，使企业面临严重的困难，陷入舆论压力之中，失去公众的信任，影响自身的生存和发展。

突发事件发生后，地铁企业面临着至少三个方面的危机：

（1）人员死伤和经济损失的危机。

（2）社会负面影响和社会恐慌的危机。

（3）市民对企业的信任危机。

第一点是客观存在，无法改变；第二点和第三点需要地铁企业自身努力，通过各种途径化解，恢复市民对地铁企业的信任，这些途径的主要手段就是通过主流媒体引导舆论。而且，地铁突发事件发生后，必然成为媒体关注的焦点，所以，应对突发事件，危机公关必不可少。

任务二 媒体事件应对基本技能

一 应对媒体的处理原则

1. 预防为主原则

日常管理要提高危机公关意识，媒体的应对应该成为应急处置的一部分，学习发布应急情况的信息应该是日常工作的一部分。

2. 时效性原则

应急信息应该通过早发现、早报告、早控制，达到早解决目的，各级媒体管理工作组在第一时间内（原则上事件发生2h内）主动组织信息发布，保证信息发布的时效性。

3. 分级授权原则

在职权范围内,通过分级授权实施,形成统一对外发布信息,任何时候信息的口径一定要统一,任何部门和个人未经授权,不得擅自发布任何信息。

4. 诚实原则

危机事件发生后,须以真诚的态度面对公众和媒体。

二 城市轨道交通企业关于媒体采访的纪律要求

(1)一般情况下,应对媒体是公司党群部门或宣传部门的职责,宣传主管部门负责收集全面的信息。

(2)所有的媒体活动,包括新闻稿的发布、采访安排、回答媒体问题和组织新闻发布会等,都必须由宣传主管部门统一安排。

(3)只有被授权的新闻发言人才能在授权范围内代表公司接受媒体采访。

(4)无论何时收到媒体的询问,都须交由宣传部门处理。

(5)遵守保密制度。未经授权,不传播任何涉密信息。

案例分析

2011年9月27日14:10,上海地铁10号线新天地站设备故障,交通大学至南京东路采用电话闭塞方式,列车限速运行。14:51,在豫园至老西门下行区间,两列车不慎发生追尾,截至2011年9月27日20:38,两列事故列车内500多名乘客已经全部撤离车站,经初步统计,约有伤员40余名,大部分为轻微伤乘客,未发现重伤,受伤乘客已受到及时的医护处理。

[事故原因]

由于新天地站信号故障,上海地铁10号线采用电话闭塞,行车指挥有误,导致豫园到老西门下行区间1005号车与1016号线相撞。

[舆情情况]

在14:45,有网友发表最早微博:"上海地铁10号线追尾了!现在车停在豫园路站和老西门站之间。然后,就是网友在微博上的各种直播,记者开始关注这个事情,这个事件开始在互联网发酵,引起了各大媒体的关注。

[上海地铁舆情应对]

15:17,上海地铁官方微博首次证实,"上海地铁10号线因设备故障导致该故障区段(豫园站至老西门站下行区段)2列列车碰擦"。

15:33,官方微博再次表示:"今日14时10分,10号线新天地站设备故障,交通大学至南京东路上下行采用电话闭塞方式,列车限速运行。期间14时51分列车豫园至老西门下行区间两列车不慎发生追尾。14时51分,虹桥路站至天潼路站9站路段实施临时封站措施,其余两端采取小交路方式保持运营。"

16:03,上海地铁官方微博称:"15:50,经抢险队努力,所有伤员已经全部送医院,并得到及时救护,故障列车已经开始实施拖离作业……公交配套应急预案也已经启动,预计运营恢复还需要一定时间,请出行乘客避开上述运营区段。"

9月27日晚,上海举行地铁10号线列车追尾事故新闻发布会。上海申通集团总裁俞光耀介绍,在保证安全的前提下,发生追尾事故的上海地铁10号线已经逐步恢复运营。为了确保万无一失,目前以时速45km限速运行。

27日晚,上海地铁在微博上进行了"道歉":"今天是上海地铁有史以来最黯淡的一天,无论最终原因和责任怎样,给市民乘客造成的伤害和损失尤感愧疚。全力抢救伤员,尽快恢复运营;接受和配合有关部门对事故的调查和追责;坚决整改举一反三,再多致歉比起实际损害也显苍白,但还要深深道歉。"

随后,上海地铁开始安全排查:上海地铁排查出设计运营安全与可靠性的98项问题和隐患,整改完成64项,并向市政府进行专题汇报。

上海地铁的积极应对,基本消除了事故对该公司的不利影响。

[案例思考]

请说说上海地铁怎样及时应对了这次舆情事件。

任务三 信息对媒体的发布

一 媒体应对的基本流程

首先,需要在前期与媒体沟通,尽可能充分地了解媒体和社会的关切所在。应急事件发生后,媒体关心的问题通常有:事件发生的原因,造成的后果(包括人员的伤亡),当前采取的措施等。

其次,针对公众关心的问题,收集信息和材料,此时,公众最关心地铁是否停运或者限速运行,自己的出行是否受到影响。

最后,通过发布平台及时释放信息,积极引导舆情。

二 信息发布注意事项

信息发布的原则是"快报事实、慎报原因、妥善处置"。

即在突发事件发生后,经批准,突发事件2小时内主动向社会发布新闻信息,简要概括事件事实和已采取的措施;随后根据事件的调查进展,谨慎对外发布事件产生原因;最后,对外公布事件处置结果。

地铁公司应在第一时间发布准确、权威信息,稳定公众情绪,避免或最大限度地减少公众猜测和虚假信息传播。

(1)主动发布。别人说不如自己说,外行说不如内行说,被动说不如主动说。权威信息"缺位",主流媒体就会"失语";第一时间发布权威信息,抢占舆论制高点,主动引导舆论。

(2)快速通报。快速、准确、如实公布信息,能消除公众的疑虑,可以将不利影响消除到最小;一旦不能做到快速,就将失去主动权。

(3) 慎重处置。有关信息发布一定要从严把关,应急事件发生的原因可能比较复杂,从负责任的角度出发,需要全面深入调查、取证,经过专家的认证,才能得出结论,所以,对于事件发生的原因,应该谨慎对待。

(4) 善待媒体。要善于同记者打交道,一方面通过媒体发布权威可靠的信息,保持社会心理稳定;另一方面利用媒体过滤不利信息,引导舆论向有利于危机妥善处理的方向发展。

新闻通稿要求:真实性、及时性、可读性。所谓真实性,即撰写突发性、群体性事件通稿必须忠于事实。所谓及时性,即及时告知事件真相,引导社会舆论,在撰写新闻通稿时,可根据现场掌握的主要情况,尽快起草并发布,原则上在突发事件发生 2h 内主动发布,特殊情况需报请主要领导批准延后,后续报道可根据事态发展滚动发布最新内容;所谓可读性,即在掌握事实的情况下,讲清事实,言简意赅,不宜长篇大论。

新闻通稿要素主要包括时间、地点、事件经过、现场人员伤亡情况,采取的主要救助措施。需要注意的是,各类数据应经仔细核实后谨慎发布。

江苏省响水危化品企业特大爆炸事故

2019 年 3 月 27 日是江苏盐城响水县"3·21"爆炸事故遇难者头七之祭。上午 7 时 30 分,当地官方在响水县生态化工园区内,举行集体悼念活动。

3 月 21 日下午 14:48 左右,位于响水县生态化工园区的天嘉宜化工有限公司发生爆炸,事故已造成 78 人死亡。

响水生态化工园区(原名陈家港化工集中区)建成于 2002 年 6 月,是苏北第一家取得环保入户许可"绿卡"资格的化工园区,也是响水县的纳税大户,其纳税额一度占到县财政收入的 1/6 左右。

化工企业投资短、见效快;响水的沿海区位也十分适宜化工企业发展。发展化工产业,对于经济相对落后、急需招商引资的苏北小城来说是个难以拒绝的诱惑。

十余年间,响水化工园"成绩斐然",引进或培育了包括江苏之江(中国第三大分散染料厂商,仅次于龙盛和闰土)、安诺其(300067,活性染料)、联化科技(002250,定制农药中间体厂商)等 8 家上市公司,以及威耳化工(农药中间体和原药生产商)、南方化工(农药定点生产)等 12 家国家高新技术企业。园区也先后荣膺"江苏省科技创业园""中国盐化工(响水)特色产业园""国家火炬响水盐化工特色产业基地"等称号。

然而,备受瞩目的除了"漂亮"的税收数据,还有自建区以来频发的安全生产事故和备受诟病的污染问题。

据可查记录显示,2007 年 11 月 27 日,陈家港化工集中区某车间发生爆炸,事故造成 8 人死亡、5 人重伤,造成直接经济损失约 400 万元;2010 年 11 月 23 日,陈家港化工园区内发生氯气泄漏,导致 30 多人中毒;2011 年 5 月 18 日和 7 月 26 日,园区内的南方化工厂

项目九 媒体事件应急处理

又两度发生重大火灾……

另外,苏南、浙江等地的大量高污染化工企业涌入响水化工园,2017年统计数据显示,高污染的染料、农药、医药及中间体企业占到企业总数的74.5%。曾有当地群众表示,"化工园区就像身边的一颗炸弹,不知道什么时候爆炸,整天心悬在半空中。"

但苏北的化工基础比较薄弱,而这些企业对当地经济又有比较大的支撑,在经济发展竞争异常激烈的大环境中,最终顾此失彼,酿成大祸。

首先,事发工厂是一个生产乙苯类有机化合产品为主的工厂,爆炸现场威力十分巨大,周边16家企业遭受波及,只得停工。如果再算上苯爆炸留下的"后遗症",以及可以预见的、有关部门的严格彻查,响水化工园及周边区域企业还会遭受更为严重的损失。

所以,对于企业来说,在择址之时,除了考虑经济发展、市场拓展、资源禀赋、优惠政策等条件之外,对环境安全的考虑,也应受到更多重视。

首先,企业必须要加强安全管理、提升技术、增加污染处理工艺等,走安全环保生产的大道。虽然技术工艺的提升,不是短期内就能有明显成效的,但是,对于化工企业来说,安全必须要放在第一位,不能为了追求业绩,失去安全的底线。

此外,本次事故之后,化工企业,尤其是京津冀、长三角和珠三角的化工企业,必将面临一波严厉的"穷追猛打"(可以参考天津滨海爆炸之后,政府的铁腕手段),所以,不夸张地说,这些区域的化工企业,尤其是中小企业,必须要考虑后路。

其中一条路就是"西迁",西部的许多中小城市,企业数量较少,急需招商引资拉动经济,而且其化工园区周边人烟稀少,对居住的影响相对较小。而对于化工企业而言,相对于技术和环保处理的投入,企业搬迁的成本相对更可控;同时,西部的地价相对更低,企业搬迁的压力会有所降低,另外,西部地区也有化工基础,能较好地接收化工企业的搬迁。

假设你是新闻媒体人员,请根据以上内容,写一篇新闻稿。

新闻稿参考模板

任务四 媒体记者的接待

一 接待记者注意事项及具体做法

城市轨道交通应急事件发生后,由于地处闹市,且与市民的出行休戚相关,一定会有记者前来采访,了解具体情况,所以,车站工作人员应该掌握接待记者的基本技能。

1. 接待记者的注意事项

接待记者注意事项如下:

车站工作人员立即拉好警戒线、设置现场处置区域、媒体接待区域,并做好现场管理,避免现场图片、视频的外流,随着突发事件的发展及时将现场最新情况上报宣传主管部门。

媒体来访时,车站工作人员要验看相关证件,包括记者证、采访函等;如采访者未带证件,也无法证明本人身份,要通过宣传主管部门核实,但是,用语要礼貌、客气,切忌态度冷、横、硬。拒绝记者采访时应礼貌得体,不得推搡、打骂、侮辱记者,不得损坏记者的照相机、摄像机等采访器材。

2. 接待记者的具体做法

(1)礼貌接待媒体人员,为媒体人员设置休息地点;
(2)对媒体人员进行登记,基本信息至少包括媒体名称、记者的联系方式;
(3)将媒体人员到达情况向宣传主管部门汇报;
(4)根据上级指示,及时向媒体记者反馈新闻发布会的基本情况:时间、地点等。

二 学会面对镜头说话

根据宣传主管部门的要求,车站工作人员是否接受媒体采访。如工作要求,车站工作人员需要接受记者采访,在被采访时请注意如下事项:

(1)在采访前,应与记者做好沟通工作,了解记者需要哪些信息。
(2)将记者采访的问题及回答口径向宣传主管部门汇报,统一信息发布的口径。
(3)采访过程中,需要一名工作人员全程陪同采访,避免出现口误无法及时发现;如出现口误,陪同人员应及时指出,与记者沟通,重新进行采访。
(4)接受采访的内容要第一时间向宣传主管部门汇报,避免出现信息不对称的情况。
(5)接受采访人员代表公司形象,应注意仪容仪表,车站工作人员必须身着客服工作装。
(6)车站安排专人陪同记者,将其采访内容上报现场应对小组,采访结束后将其送出车站。

三 面对媒体的语言

(1)确保每句话都真实。多描述事件发生时自己当时的工作状态,对于自己不掌握的情况,不能信口开河。
(2)确保每句话都可公布。由于保密的原则,可以不公开所有信息,但是,凡是公布的信息,都必须是可以公开的。
(3)可向记者讲述现在公司所采取的措施,自己在进行哪一步工作。
(4)应急事件发生后的采访,面对镜头时,尽量不要露出职业微笑。

四 新闻发布会会场布置

一般情况下,地铁公司有新闻发布会的场所,不需要站务人员准备;但是,在比较严重的应急事件发生后,记者们可能都在现场采访,考虑到记者工作便利,地铁公司可能在现场车站召开新闻发布会。

(1)确定新闻发布会规模。协助新闻发布部门布置主席台,并安排好记者就坐区。
(2)排定座次。主席台上座次的安排要视级别来定。座次排好后,摆放座签或将写有姓名的小条贴在椅背上,以便对号入座。

（3）安排好新闻发布会的设备。调试好麦克风，麦克风放主席台中间，也可分放在前排左右边上；车站要安排机电技术人员，保证现场电力的供应；安排摄像位置，准备必要的席位或梯架。

（4）安排好会场工作人员，如接待人员、保安人员等。

五 城市轨道交通企业内应急事件媒体信息发布工作流程

城市轨道交通企业内公关媒体事件信息发布工作流程如图9-1所示。

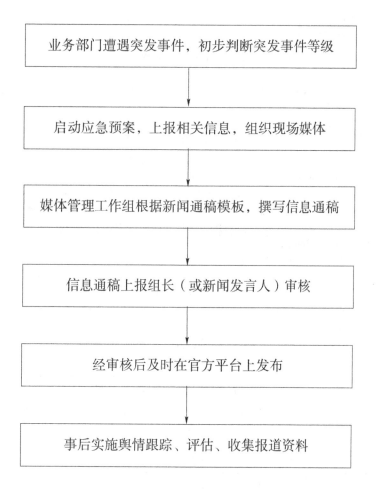

图9-1 公关媒体事件信息发布的工作流程

任务实施

掌握媒体事件应急处理

某日，某城市地铁1号线发生信号故障，导致两个区间行车中断，需要采取公交接驳，某车站由于这种应急情况，出现了突发大客流。此时，主流媒体的记者来车站进行采访，地铁站准备针对此次突发情况召开一个新闻发布会。

请草拟一份新闻通稿，对车站接待记者、接受记者采访进行场景模拟。

1. 组织形式

分角色进行场景模拟，以学习小组为单位（每组4~6人），每组（共3组）派1~2名代表为各小组的新闻发言人,一组为乘客,一组为车站工作人员,剩下的小组为记者,抽签确定新闻发言人的出场顺序,对发布会进行会场布置和安排,并举行模拟新闻发布会。

2. 角色模拟的准备工作

各组从各自扮演的角色出发,在地铁启动公交接驳后,从自身的角度来思考这次应急事件(如乘客需要赶时间,记者需要让公众知情,工作人员需要处理这一系列事情)。

3. 拓展提高

相互调换角色,并对对方的表现情况进行相互点评。

4. 小组任务效果评价表(表9-1)

任务效果评价表　　　　　　　　　　　　　　表9-1

任务指标	评分要求	分值	得分
1. 突发事件后,信息流程是否正确	根据应急程序来评分	10	
2. 记者接待是否合理	根据接待记者的要求进行评分	10	
3. 新闻发布现场布置是否合理	根据接待记者的要求以及案例的典型性进行评分	10	
4. 新闻通稿写得是否合乎规范	根据模板进行评分	20	
5. 接受记者采访问题回答是否规范	根据媒体记者接待进行评分	20	
汇报效果评价	(1) 礼仪规范及语言表达	10	
	(2) 准备	10	
	(3) 演讲掌控	10	
分项得分	自我评分(　　　) 小组评分(　　　) 教师评分(　　　)		
总分	总分 = 自我评分(　　　) ×30% + 小组评分(　　　) ×40% + 教师评分(　　　) ×30%		

面对应急事件,城市轨道交通工作人员需具备撰写新闻通稿的能力,针对争议的焦点,新闻通稿主要分为故障类新闻稿及服务类新闻稿,格式模板扫二维码学习。

新闻通稿模板

综合演练

接待媒体采访

一、场景设置

11月12日上午9:10左右,地铁列车信号系统出现故障,造成列车在运行到A站中断,车上有近400名乘客被困,乘务人员立即按照预案对车上人员进行有序疏散。故障出现后,维修技术人员立即赶赴现场进行抢修,调度组织救援列车,将故障车辆迅速调离正线,同时通过运力的调整,疏导乘客。9:38,故障得以排除,9:58,运营秩序恢复正常。

二、事件经过

9:11,列车信号系统发生故障,运行中断。

9:38,设备故障恢复正常。

9:58,运营秩序恢复正常。

故障发生后,乘客通过微信、微博发布了地铁故障信息,引起了各广大媒体的关注。

10:00左右,记者来到车站,了解车站情况。

三、演练任务

城市轨道交通企业内部应对媒体工作流程如图9-2所示。

任务一:草拟一份新闻通稿

11月12日上午9:10左右,由于地铁列车信号系统出现故障,造成列车A站处停止运行。故障发生后,地铁公司立即启动了应急预案,乘务人员对车上乘客进行了有序疏散,维修技术人员赶赴现场,对设备进行了抢修,故障车辆已经调离正线。9:58,运营恢复正常,积压客流得以安全平稳疏散。经初步分析,此次故障是由于信号继电器故障造成,地铁集团将针对该原因进行全面排查,尽量避免此类故障的再次发生。

任务二:接待记者

1. 布置记者休息区域,准备茶水。

2. 对记者的情况进行登记,所编制的表格应包括媒体名称、记者姓名、联系方式、所关注的内容。

3. 向上级部门汇报记者情况。

任务三:接受记者采访

记者:××站长(值班站长),您好,我是××卫视的记者,我们关注到地铁发生了故障,具体情况您能跟观众朋友介绍一下吗?

值班站长:上午9:10左右,列车在A站处停止运行,我们初步判断,可能是信号故障。故障发生后,我们立即启动了应急预案,对车上乘客进行了有序疏散,维修技术人员赶赴现场,对设备进行了抢修,故障车辆已经调离正线。9:58,运营恢复正常,车站客流秩序正逐步恢复正常,对大家的出行影响不大。

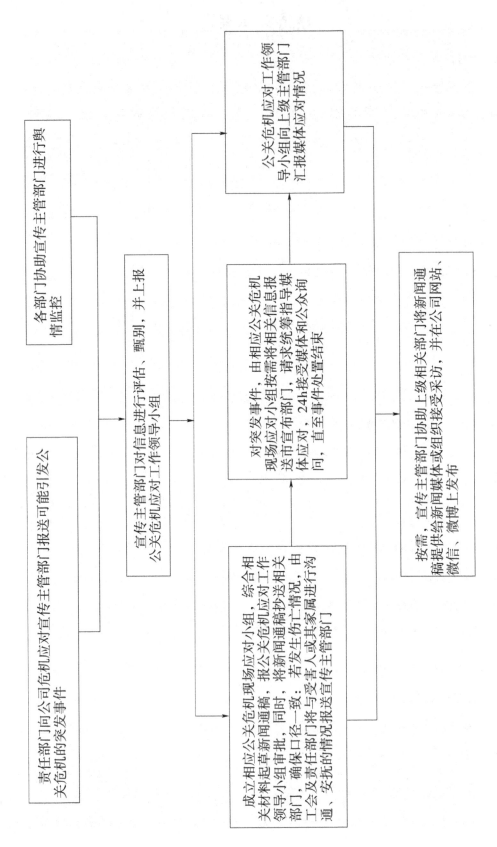

图 9-2 城市轨道交通企业内部应对媒体工作流程

练习与思考

一、单选题

1. ( )是新闻的第一原则。
   A. 准确　　　　　B. 真实　　　　　C. 细致　　　　　D. 及时
2. 媒体公平的本质特征就是( )。
   A. 导向性　　　　B. 客观真实　　　C. 细致　　　　　D. 及时
3. 突发事件发生后,地铁企业面临着至少三个方面的危机( )。
   A. 人员死伤和经济损失的危机　　　　B. 社会负面影响和社会恐慌的危机
   C. 市民对企业的信任危机　　　　　　D. 以上都是
4. 发生突发事件后,让市民对地铁企业信任的主要手段是( )。
   A. 报纸　　　　　B. 媒体　　　　　C. 微博　　　　　D. 微信
5. 地铁站内所有的媒体活动,包括新闻稿的发布、采访安排、回答媒体问题和组织新闻发布会等,都必须由( )统一安排。
   A. 宣传部门　　　B. 业务部门　　　C. 乘务员　　　　D. 值班站长
6. 遇到媒体采访时,关于公司的机密信息,城市轨道交通企业员工的态度是( )。
   A. 未经授权,不得发布　　　　　　　B. 可以发布
   C. 视情况自己决定是否发布　　　　　D. 一律不准发布

二、多选题

1. 传统的四大媒体分别为( )。
   A. 电视　　　　　B. 广播　　　　　C. 报纸　　　　　D. 周刊
2. 互联网新媒体包括( )等。
   A. 网络电视　　　B. 博客　　　　　C. 播客　　　　　D. 视频
   E. 微信　　　　　F. 抖音　　　　　G. 电子杂志
3. 媒体的特性包括( )。
   A. 真实性原则　　B. 导向性原则　　C. 公平性原则　　D. 客观性原则
4. 应对媒体的处理原则包括( )。
   A. 预防为主原则　　　　　　　　　　B. 时效性原则
   C. 分级授权的原则　　　　　　　　　D. 诚实原则
5. 信息发布的原则包括( )。
   A. 快报事实　　　B. 慎报原因　　　C. 妥善处置　　　D. 预防为主

三、简答题

1. 简述媒体应对的基本流程。
2. 简述媒体信息发布的注意事项。
3. 简述面对镜头说话的注意事项。
4. 简述城市轨道交通企业内部信息发布的工作流程。

参 考 文 献

[1] 赵铭玮.自媒体时代网络舆论事件的应对[J].新闻世界,2012(5):95-96.

[2] 章月芳,葛国曙.公关危机管理和应对[J].兰州教育学院学报,2012(1):51-53.

[3] 唐钧.应急管理与危机公关突发事件处置、媒体舆情应对和信任危机管理[M].北京:中国人民大学出版社,2012.

[4] 王博,申碧涛.城市轨道交通应急处理实务[M].北京:人民交通出版社股份有限公司,2017.

[5] 孟祥虎,孙巧玲.城市轨道交通应急处理[M].北京:人民交通出版社股份有限公司,2015.